大学生创业学习基础

主　编　傅许坚　项慧玲

中国青年出版社

图书在版编目（CIP）数据

大学生创业学习基础/傅许坚，项慧玲主编.—北京：
中国青年出版社，2024.6
ISBN 978-7-5153-7194-8

Ⅰ.①大… Ⅱ.①傅… ②项… Ⅲ.①大学生—创业—
教材 Ⅳ.①G647.38

中国国家版本馆CIP数据核字（2024）第010300号

责任编辑：李文华 贺则宇
装帧设计：嘉鸿永徽科技

出版发行：中国青年出版社
社　　址：北京市东城区东四十二条21号
网　　址：www.cyp.com.cn
编辑中心：010-57350504
营销中心：010-57350307
印　　刷：廊坊市广阳区九洲印刷厂
规　　格：787mm×1092mm　1/16
印　　张：15
字　　数：275千字
版　　次：2024年6月北京第1版
印　　次：2024年6月河北第1次印刷
印　　数：1-4000册
定　　价：49.80元

如有印装质量问题，请凭购书发票与质检部联系调换。
联系电话：010-57350337

《大学生创业学习基础》
编委会名单

主编： 傅许坚　项慧玲

编写：（以章节为序）

傅许坚　蒋雪芬　项慧玲　邓小雷　冯军民

刘云茹　邵　曦　王　波　夏云忠　赵盼盼

琚宛珍　徐佳琦　林　欢　林小涛

前言

习近平总书记指出，青年学生富有想象力和创造力，是创新创业的有生力量。在高质量创新创业发展大潮中，支持大学生创新创业，是抢抓新一轮科技革命和产业变革机遇、增强国际竞争力的必然选择。开展面向全体大学生的高质量创业基础教育，是培养大学生创业学习兴趣，激发大学生创新创业实践热情的关键抓手。

创业是一种实践，也是融通专业学习和其他兴趣学习的黏合剂。对于大学生来说，对创业的学习若要入门，要学到家，必须具备学习创业的基础。面对复杂问题，创造性应用知识的能力会帮助大学生形成自我学习导航系统。创业的学习，不仅仅是创业知识的学习，更重要的是创业的思维、方法、工具和经验的学习。基于此，本书编写团队认为，适合我国国情的创业基础教学，不应是创业基础知识的教学，而应是创业学习基础的学习。

对于学习创业，大学生应该具备怎样的学习基础呢？

首先，大学生要建构个人学习创业的意义和价值。有了能够被自我内化和生长出来的创业学习价值和意义，大学生就会有学习创业的兴趣和激情，就会像基于兴趣和热爱的创业者一样，主动拥抱创业。

其次，学习创业最重要的是学习创业的思维和科学的创业方法。学习创业的思维，首先是要学习基于创业的创新思维，这样更有利于创新成果的社会价值和经济价值的实现，避免为了创新而创新的窘境。关于创业方法的学习，大学生创业群体的创业经验和创业资源较为欠缺，因此，精益创业法适合于大学生学习和掌握。

最后，学习创业要深刻体会到行动胜于一切。创业基础的学习应该是行动式的学习，在理论的指引下，用行动式的学习或验证、或体验、或拓展创新创业。

《大学生创业学习基础》具有以下编写特点：

（1）注重对大学生创业学习意义建构的引导。

站在大学生创业初学者视角，通过对创业内涵、创业特点、创业学习方式、创业学习意愿等的解读，引导每位大学生结合自身情况，探寻个人的学习兴趣，找到打开创业学习世界的第一把钥匙。

（2）注重用学习行动来引导大学生对创业理论的掌握。

本书的每章内容都由名言名句、学习目标、学习重点、理论内容、拓展学习、行动学习小任务以及最后的本章综合行动学习练习等部分构成。对于局部的重要理论学习内容，基本都配置了相关的行动学习小任务或拓展学习。行动学习小任务是通过布置相应的学习任务来巩固、拓展或现学现用理论学习内容，让学生在完成任务的过程中得到更好的启迪。拓展学习主要是面向实践应用需要的知识拓展。

（3）注重创新思维和创业思维的应用学习。

本书尽可能做到理论教学可付诸实践，提倡所教即所学、所学即所用的理念。针对创新思维和创业思维的教学，理论只做精要的介绍，更多的是把思维教学转化为行动和任务的引导，让学生在创业设计的动态中学习创新的设计思维和创业的行动思维。由知行合一转向行知合一。

（4）注重优秀创业方法和原创创业方法的融合。

本书关于创业方法的底层架构是基于埃里克·莱斯提出的精益创业理论。精益创业的思想和方法在现实中的应用，仍然需要在操作层面进行不断的探索和实践。本书编写团队通过自身的学习、教学实践和实践应用，开发出了一套能作为理论教学配套的工具体系，帮助大学生结构化地掌握具有一定原创性的方法论。这套工具包含从创业机会的发现到创意产品的打造到创业项目的营销再到创业项目的启动的全过程，用融有精益创业思想的工具来可视化、流程化、任务化和结构化地引导大学生开展科学创业的基础学习。

（5）注重从创业基础学习向创业实践的引导。

创业项目对创业者（创业团队）来说，本身就是正在创造或意向创造的一个大产品。这个产品好不好，除了要得到其他人的认同，还需要得到他人的帮助和投入。这会引导学习者想尽办法把自己的创业项目产品可视化、成果化。这少不了实践的支撑。本书第九章《创业的精益启动》就是告诉大学生在获得项目初步的可行性认可后，通过做好哪几件关键事项和采用怎样的精益方法，来实现项目的轻松启动，降低创业条件有限所带来的影响。

本书在编写过程中得到了许多专家、学者的支持与帮助，同时参考了国内外众多学者的文献资料，在此一并表示诚挚的感谢。

由于编写时间紧张，书中如有疏漏之处，敬请广大读者批评指正，以便我们进一步修订和完善。

编　者

2023 年 10 月

教学建议

教学目的

创业学习基础的教学侧重为大学生创业初学者打下学习创新创业的认知基础、情感基础和能力基础。具体教学内容包括创业学习的价值认知基础、学习内容认识基础、学习方式了解基础以及思维、方法、工具和启动创业等创业基础核心要素的学习。具体教学目的总体来说包含三个方面：一是要帮助大学生结合个人实际建构起学习创新创业的意义和价值，为学习的主动性增添动力；二是要通过对科学创业需要具备的基础和能力要求的学习，为个人的综合创业能力的培养明确具体方向和要求；三是通过融有科学创业的思维、方法和工具的创业设计的学习，为大学生体验一次行动导向的创业学习搭好脚手架。

课时分布建议

教学主题	教学重点	建议课时分配		线下教学风格
		32 课时	16 课时	
第一章 创业学习的价值	1. 创业的定义； 2. 大学生创业学习的内涵； 3. 大学生创业学习的价值； 4. 大学生创业学习意愿的提升策略	3	2	理论引导 + 应用练习
第二章 创业学习的基础	1. 创业学习基础的层次结构及内容； 2. 创业精神的具体表现； 3. 创业能力的具体表现； 4. 创业与创新之间的关系； 5. 精益创业的原则； 6. 因果推理与效果推理的区别	4		理论引导 + 自我评估练习 + 案例学习
第三章 创业者与创业团队	1. 创业者的特点和资源； 2. 大学生创业学习的内涵； 3. 优秀创业团队的特点； 4. 创业团队成员的评估； 5. 创业团队冲突的管理	3	2	理论引导 + 应用练习
第四章 创业机会与创业问题	1. 创业机会问题的探索； 2. 创业问题的描述与选择； 3. 创业机会的评估与选择	4	2	理论引导 + 示例教学 + 创业设计练习

续表

教学主题	教学重点	建议课时分配		线下教学风格
		32 课时	16 课时	
第五章 解决方案与创业构思	1. 创业问题解决方案的设计； 2. 解决方案原型的设计与测试； 3. 创业项目的构思	4	2	理论引导 + 示例教学 + 创业设计练习
第六章 创业假设与验证	1. 创业假设的提炼； 2. 创业假设的验证； 3. 创业假设验证结果的利用	4	2	理论引导 + 示例教学 + 创业设计练习
第七章 商业模式的设计与测试	1. 精益商业模式画布； 2. 商业模式画布； 3. 商业模式的精益测试	4	2	理论引导 + 示例教学 + 创业设计练习
第八章 创业项目的营销	1. 创业营销的方式； 2. 创业计划书的撰写； 3. 商业路演的设计	4	2	理论引导 + 示例教学 + 创业设计练习
第九章 创业的精益启动	1. 创业初期的关键任务； 2. 创业涉及的法律法规； 3. 创业初期商业模式的验证	2	2	理论引导 + 任务练习

目录

CONTENTS

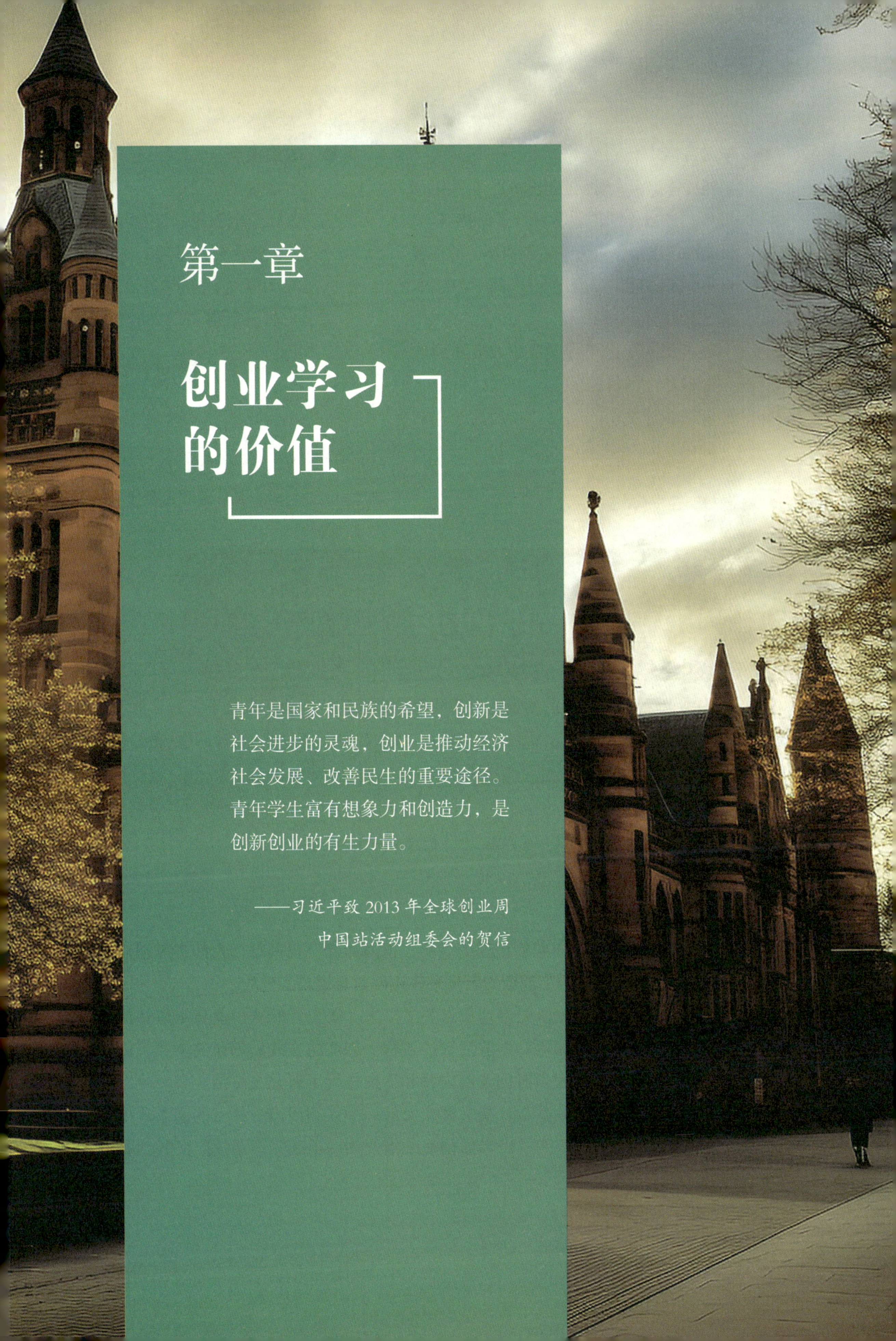

第一章

创业学习的价值

青年是国家和民族的希望，创新是社会进步的灵魂，创业是推动经济社会发展、改善民生的重要途径。青年学生富有想象力和创造力，是创新创业的有生力量。

——习近平致 2013 年全球创业周中国站活动组委会的贺信

学习目标

1. 能提炼出个人对创业理解的三个关键词。
2. 能描述出不同创业学习方式的特点。
3. 能描述出个体对大学生创业学习的理解。
4. 能说出个人在大学读书期间学习创业的三种途径。
5. 能讲出大学生进行创业学习需达到的三个及以上的目的。
6. 能初步评估个人的创业学习意愿并剖析原因。

本章重点

1. 创业的定义。
2. 大学生创业学习的内涵。
3. 大学生创业学习的价值。
4. 大学生创业学习意愿的提升策略。

第一节　创业的内涵

你所听到的关于创业的说法大部分都是错误的。创业不是魔术，一点都不神秘，也和基因无关。创业是一门学科，就像其他任何学科一样，可以通过学习来掌握。

——彼得·德鲁克

一、创业定义丛林

创业是一种普遍的社会现象和创造活动，正因如此，我们每个人都有对创业的独特理解和解读，所以要用一个清晰的定义来表达创业是很难实现的。

自 20 世纪 80 年代创业研究得到重点关注以来，研究者们从创业与个体特征之间的关系、创业行为产生的原因、创业活动的过程、创业的方式、创业的类型、创业的本质及创业的特点等不同视角对创业的内涵和特征进行了研究与总结。我们可以把研究者们对创业的各种定义涵盖在从狭义到广义的一个区间段内。狭义的创业是指创办一家可持续发展的企业或组织，广义的创业是指开创一项新的事业。广义的创业定义通常包括商业创业、社会创业、科技创业、文化创业、农村创业、制度创业、教育创业、服务创业、生活方式创业等。

在创业活动普及的今天，为了探索创业的本质，弘扬创业精神，更多人倾向于赋予创业广义的内涵，这便使创业的理念、精神、思维和方法得以应用在各层面的创造活动中。

拓展学习 1

创业定义中的关键词

创业是一种普遍的活动，学者们给出的定义也很多。在各种定义中出现较多的关键词有“启动、创建、创造、新事业、新企业、创新、新产品、新市场、追逐机会”等，见表 1-1。

表 1-1　创业定义中出现较多的关键词

排序	关键词	排序	关键词
第 1 位	启动、创建、创造	第 10 位	首创活动、做事、超前认知与行动
第 2 位	开发新事业、创建新企业	第 11 位	追逐利润、个人获利
第 3 位	创新、新产品、新市场	第 12 位	创造变革
第 4 位	价值创造	第 13 位	资源或生产方式的新组合
第 5 位	追求成长	第 14 位	所有权
第 6 位	活动过程	第 15 位	管理
第 7 位	追逐机会	第 16 位	责任、权威之源
第 8 位	既有企业	第 17 位	统率资源
第 9 位	风险承担、风险管理、不确定性	第 18 位	战略形成

二、大学生基础学习视角的创业定义

大学生对创业的学习，需要经历一个由基础到专业、由认知到实践、由简单到综合的过程。在创业基础学习阶段，广义的创业内涵太抽象，不利于初学者的学习和具体教学的设计；狭义的创业内涵又过于狭窄，加上学习偏见的存在和学习前学习意义建构的缺失，使其不具有适宜全员学习的普适性。不同成长背景、职业发展目标和学科专业的学生，对学习创业认识的差异较大。针对全员通识的创业基础学习场景，适宜的创业定义应具备以下三个特点。

（1）有利于激发大学生的学习兴趣和积极性，以提高学习的主动性。

（2）有利于引导大学生精要地把握创业本质，以提高创业认知的整体性。

（3）有利于激发大学生主动对创业学什么的主动思考，以提高学习需求的满足性。

基于此，本书综合创业定义丛林的观点和一些教育视角解读，针对现实中创业基础教学所需，对创业给出如下定义：

创业，是一种通过某种具体机会的开发利用，采用探索性的思考、推理和验证行动，追求更高效价值创造和价值回报的综合性活动。

定义解读1：对创业机会的追求和利用是创业过程的主线。无论是被动还是主动的创业选择，创业活动的起点都是创业者对某个创业机会的识别和评估。对创业机会的具体认知，受识别者对客观现实的了解程度、主观经验和选择偏好等因素的综合影响。

定义解读2：探索性是创业活动的主要表现风格。创业的过程就像一次探索实验（有别于验证性实验），需要通过不断地试错、调整和验证，通过行动学习将未知变成已知，将主观变为客观。

定义解读3：对更高效实现价值的创造和获得回报的追求是创业的核心推动力。创业者视创业为更好或有效实现价值创造的手段和方式。

定义解读4：综合性活动是创业活动的典型表现特征。创业过程中对外涉及与各关联方的利益关系的平衡处理，对内涉及人、财、物、事等各资源要素的协调管理，此外在创业进程中前后阶段的目标、决策和成果又相互制约相互影响，使得创业活动的综合性非常强。在创业过程中，创业者不仅需要拥有全局视野，还需要较强的平衡协调能力。

行动学习小任务 1

试着根据本书给出的关于创业的定义，列出创业学习可能会涉及的学习主题和学习内容。

学习主题	学习内容	你最感兴趣的学习内容
主题 1：	内容 1：	
	内容 2：	
	内容 3：	
主题 2：	内容 1：	
	内容 2：	
	内容 3：	
主题 3：	内容 1：	
	内容 2：	
	内容 3：	

任务完成价值

通过学习清单的罗列，一方面能检验个人对所需学习内容的理解，另一方面可以梳理自己的学习兴趣点，为后续的学习制订自己的学习图谱。如果自己的学习兴趣内容在后续的学习中未能得到满足，可以尝试进一步获得其他途径的支持。记住，请珍惜你对创业学习的初始兴趣。

第二节 创业的特点

我的人生爱好是坚持不懈地做事情，并用激动人心的全新方式做使人愉快的事情，我也由此得到了自我愉悦和满足感。

——沃尔特·迪士尼

创业活动具有以下五大特点。

（1）机会导向性。无论是主动的创业行为还是被动的创业选择，牵引创业活动推进的是创业者对创业机会的理解与追求。机会无论是被发现的还是被创造的，其质量和利用效果对创业的成效影响深远。对于创业者来说，不仅要具有发现和捕捉创业机会的能力，同时还要有对创业机会进行科学评估和确认的意识，使得创业始终朝正确的方向前进。

（2）资源稀缺性。在一项新业务或事业启动初期，创业者往往会面临资源稀缺的问题。这一方面是由于自身前期经验积累不足，另一方面是由于随着创业活动的推进，新问题、新事物的出现产生了超预期的资源需求。潜在创业者平时不仅要注重资源的积累和储备，还要培养资源的整合意识，拥有没有条件也要创造条件的能力。

（3）主观探索性。每一步的创业决策都是创业者主观决策的结果，每一次创业决策的结果都是摸索尝试后形成的。为什么创业没有标准动作，也没有标准答案？一是因为不同的创业者，其创业动机、创业认知、决策能力和执行力都不一样；二是因为每个人遇到的创业情境也不一样，所以创业不能纯粹照搬模仿他人，需要每个创业者走出自己的路。

（4）结果不确定性。在创业的过程中，创业者会遇到许多的不确定性。这是因为创业机会本身的变异、外部条件和环境的变化、利益关联者的变动以及创业者自身条件和能力的变化会给创业带来不同的不确定性。创业的结果往往是通过创造实现的，而不是预先设定的，创业者需要用平常心对待创业期望与现实结果之间的差异。

（5）价值追求性。对价值的创造追求是创业活动开展的目标导向，是创业的主要动力源泉。创业者以创业为手段，通过对不同经济价值和社会价值的创造，来实现最终的创业目的。

行动学习小任务 2

试着寻找身边的一个创业案例，依照以上五个特点来对该案例的创业过程进行解读，并反思解读前后对创业认识的不同。

创业案例简述：

特点	具体表现
机会导向性	
资源稀缺性	
主观探索性	
结果不确定性	
价值追求性	

解读后个人对创业的认识会发生什么样的变化：

任务完成价值

通过创业活动表现出的这五个特点来对具体案例进行解剖学习，可以加强自身对创业特点的理解，帮助自己建立对创业事实进行理性、科学分析的结构框架。

第三节　创业学习的方式

创业的学习体验是从学习关于创业的知识过渡到为了创业而学习的阶段，进而开始真正地进入创业学习或在创业的过程中学习。

——艾伦·吉布

从创业的内涵中我们可以发现，支持创业活动不仅需要一些显性的知识和能力，比如对创业领域的专业认知、创业机会的发现分析能力、创业项目的实施能力以及为项目顺利开展创造有利条件的能力等；同时还需要一些隐性的知识和能力，比如创业的精神、创业者的素质、创业的思维和行业的经验等。这些隐性的知识和能力在发挥作用的时候往往先于显性的知识和能力，并且两者在创业学习的过程中可以相互转换。

创业学习主要有以下三种方式。

（1）认知学习。认知学习主要是对已有的创业知识和他人的创业行为、创业经验进行学习。

（2）经验学习。经验学习主要是对个人感知的、经历过的类似创业活动的经验和模拟创业体验进行学习。

（3）实践学习。实践学习主要是通过开展真实的创业设计、创业实践进行学习。

认知学习和经验学习所创造的知识是进行实践学习的基础。同时，实践学习的一个重要作用便是纠正认知学习或经验学习获取的知识，弥补这两种学习方式所获得的知识的不足，从而促进学习者更好地利用认知学习和经验学习方式。创业学习过程模型如图 1-1 所示。

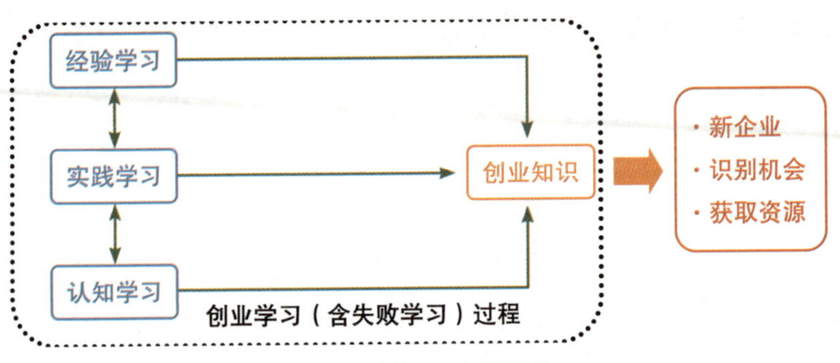

图 1-1　创业学习过程模型

行动学习小任务 3

在理解不同学习方式特点的基础上，你需要形成创业应该如何学的认知，用于明确有效的创业学习方式组合。

学习方式	具体可用的学习手段
认知学习	
经验学习	
实践学习	

任务完成价值

通过本任务的完成，一方面激发自己对创业应该怎样学的进一步思考，另一方面可借机思考和梳理大学期间那些可以选择的创业学习手段和途径，以提高自己选择的主见性。

第四节 大学生创业学习的内涵

学校的创业教育应该不同于社会上的以解决生存问题为目的的就业培训，更不是一种“企业家速成教育”。真正意义上的创业教育，应该是着眼于为未来的几代人设定“创业遗传代码”，以造就具有革命性的创业一代作为其基本的价值取向。

——蒂蒙斯

创业学习研究视域下的创业学习，是指创业者通过利用经验学习、认知学习和实践学习三种学习方式，对创业企业进行知识管理，以提升企业运作的整体动态能力。因身份的差异，大学生和社会创业者的创业学习具有不同的特点，大学生创业学习存在创业学、心理学与教育学交叉的问题。从学习知识深度的角度看，大学生的创业学习比社会创业者的创业学习要偏弱些，前者偏重创业精神的培养、创业意识的培育和创业能力的训练，后者偏重真实创业情境中的“按需学习”；从学习知识广度的角度看，大学生的创业学习更加复杂、多元、全面和个性化，既需要经验的学习、认知的学习，更需要实践的学习。追求成为创业人才还是创业型人才是社会创业者和大学生的主要区别。

本书关于大学生创业学习的内涵描述如下：

大学生创业学习是指大学生出于个人创新创业素质能力提升和获取成功创办企业的知识和信息的需要，学习将创意和想法转换为创业项目实际运作这一过程中所需的创业精神、创业思维、创业知识、创业技能和创业方法等的学习行为。

通过学习创业，基础性的作用是可以提升个体对自身职业素养和能力的更高追求：远期可以帮助学生确立创业导向的人生发展追求，满足大学生个性化、多元化的发展需求，拓宽个人人生和事业的发展空间；近期可以帮助提高专业学习效率、拓宽专业学习边界、提升专业学习绩效。

现阶段我国大学生创业学习一般表现出以下四个特征。

（1）学习意愿需要引导和激发。由于身份的特殊性、成长环境的单一性、未来职业发展目标的不确定性以及对创业认识的不完整性，从自发的角度来看，大学生对创业学习的主动性和意愿度不高，需要得到外部的支持和鼓励。

（2）学习目的呈现多元化。由于对创业的态度和创业的动机本身因人而异，再加上每个人所处的心智成熟阶段和生活学习环境的不同，使得大学生群体的创业学习目的差异也很大。

（3）学习过程具有阶段性。大学生对创业的学习具有明显的从了解创业到准备创业再到进行创业这样进阶式的规律。

（4）学习方式以认知学习为主。因学习环境和条件有限、个人的投入意愿不够以及早期学习基础的缺失，大学生的创业学习主要以认知性的学习为主，即通过学习理论知识和观摩他人创业实践等方式获得创业知识和创业理解。提高经验学习和实践学习的比例是创业教学供给者和需求者需要共同努力的目标。

行动学习小任务 4

对照大学生创业学习的一般特征，自评现阶段个人的创业学习情况，以帮助自己做好对创业学习的规划，让创业学习更好地与专业学习和职业发展规划融合起来。

特征	自我评估与描述
学习意愿	
学习目的	
学习过程	
学习方式	

任务完成价值

通过本任务的完成，弄清目前个人对创业学习的态度和目的，以便通过后续的课程学习来改进或提升。

第五节　大学生创业学习的价值

人人都要有创业者精神，你以为的稳定实际上是最危险的。

——琳达·罗滕伯格

大学生学习创业，是时代发展所需，是国家高质量发展所需，是适应社会环境变化加速所需，是满足社会对职业能力需求变化所需，也是大学教育变革的趋势所需。就大学生个体而言，创业学习具有以下六个价值。

（1）更好地了解自我。通过学习和对照，更好地探索自我、了解自我和规划自我的发展。

（2）拓宽个人职业发展选择的路径。职业发展方式由就业导向往创业导向延展，有利于大学生拓宽人生事业的发展视野。

（3）系统化培养个人解决复杂问题的综合能力。对创业过程和关键环节的学习，有利于大学生系统地培养创业所需的综合能力，提升职业发展竞争力。

（4）有效提升学习效率和绩效。创业学习过程中遇到的知识瓶颈和能力的不足，可促使大学生自发开展需求导向的学习，增加学习的广度和深度。

（5）促进对现实社会的学习和了解。创业的实践性要求大学生走出校园走进社会，有利于丰富个人阅历、提高社会见识。

（6）扩大个人的社交网络。创业学习中与同学的合作、实践中与他人的互动，能提升大学生的个人社交能力，构建更广的人脉关系。

行动学习小任务 5

结合自己的实际情况，找出自己为什么要进行创业学习的三点理由。同时将你的疑惑与周边的人进行交流，获得更全面和综合的反馈。

支持的理由：

不支持的理由：

任务完成价值

通过本任务的完成，帮助自己更理性、更科学地确立对创业学习的态度，以获得持续的学习动力。

拓展学习 2

习近平总书记在党的二十大报告中强调，必须坚持科技是第一生产力、人才是第一资源、创新是第一动力，深入实施科教兴国战略、人才强国战略、创新驱动发展战略，不断塑造发展新动能新优势。2017 年 8 月，习近平总书记在给第三届中国国际“互联网 +”大学生创新创业大赛“青年红色筑梦之旅”赛道的大学生回信时，勉励同学们扎根中国大地了解国情民情，在创新创业中增长智慧才干，在艰苦奋斗中锤炼意志品质，在亿万人民为实现中国梦而进行的伟大奋斗中实现人生价值，用青春书写无愧于时代、无愧于历史的华彩篇章。纵深推进大众创业万众创新是深入实施创新驱动发展战略的重要支撑，大学生是大众创业万众创新的生力军，新征程上，要以实际行动贯彻落实党的二十大精神，引导大学生牢记习近平总书记嘱托，胸怀“国之大者”，投身强国建设、民族复兴伟业，把创新创业的理想追求融入党和国家事业之中。有关方面要全面贯彻党的教育方针，坚持创新引领创业、创业带动就业，支持在校大学生提升创新创业的能力，支持高校毕业生创业就业，不断提升人力资源素质，促进创新型人才持续涌现。

第六节　高质量大学生创业学习的特点

如果你每年将自己做的试验数量翻倍，那么你的创造力将会有质的飞跃。

——杰夫·贝佐斯

创业学习活动本身的质量对创业学习的成效影响很大。对于大学生来说，创业学习本身具有非主流性，学习资源相对稀缺，需要把握高质量的创业学习特点，才能提升学习质量，扩大学习收益。高质量的创业学习具有以下七个特点。

（1）学习态度呈现积极主动，自主自发。创业面临着高度的不确定性，创业者需要面对新生企业的各种不利情况和突发事件。对应到创业学习上，社会创业者的创业学习是以解决实践中遇到的问题为主，而大学生的创业学习基本以知识和能力的储备为主，是一种预学习。因此，需要大学生能自行建构学习意义和价值，让学习行为更加积极主动和自主自发。

（2）学习目标注重能力为先，学以致用。大学生创业学习的自发选择者，往往具有强烈的创造动机，期待通过学习，快速实现能力的提升。他们比普通的学生更具成就追求感，对学习成效的追求更注重应用性和有效性。大学生创业学习的后发选择者，其受社会网络学习的渐进影响和寻找职业发展新路径的驱使，对创业学习也带有"隐性"的期待。

（3）学习内容诉求立体多元，富有个性。创业活动的综合性很强，涉及企业创办的方方面面，再加上大学生身份的特殊，使得大学生的创业学习更具个性化和多元化。大学生创业学习包括对自我认知、专业知识、企业管理知识、商业知识以及创业政策等共性内容的学习和了解，同时又极富个性化，创业知识的消化和吸收与学习者的个人特质和已有认知基础息息相关。

（4）学习导向注重专创融合，专业支撑。高质量的创业离不开创新的支撑，而创新离不开专业的依托。融有专业知识和背景的创业教学，更能让学习者感受到学习创业的价值。创业学习和实践中发现的专业知识和能力缺失，会进一步激发大学生自主探索学习的动力。基于问题创新性解决的项目化教学是创业教学中常用的教学方式，问题解决的价值获得感会进一步增进大学生对专业学习的认同。

（5）学习进程呈现循序渐进，逐层进阶。创业学习是一个循序渐进的过程，通过有效的学习获取特异性的创业知识是大学生降低创业失败率的关键。创业是一个从 0 到 1 的过程，对于大多数大学生来说，创业学习也是个从 0 到 1 的过程，甚至是从 -1 到 1 的过程。大学生要经历从对创业不了解，到了解，到认同，再到构建自己的创业知识体系和培养自己的创业素养和能力这样一个渐进的过程。

（6）学习机理凸显知行合一，强调内化。创业学习包括创业经验的获取、创业经验向创业知识的转换以及创业知识在创业活动中的运用等一系列过程，着重强调通过做中学、干中学实现知识的内化和创造。在知识和能力两个范畴中，有些知识和能力存在重叠，重叠部分就是实践智力的核心。对于大学生来说，创业相关的经验还比较欠缺，主要通过在认知的实践化中实现创业学习的个性化，在实践的认知化中实现创业学习的内化。

（7）学习应用善于迁移，扩大成效。创办企业虽不是大学生创业学习的唯一指向，但大学生可以通过创办经营企业或社会组织的学习将创业的思维、创业的知识和创业的方法等，迁移和应用到其他场景中，学会像创业者一样思考和行动，以扩大创业学习成果。

行动学习小任务 6

请思考高质量的创业学习对个人专业学习和职业发展规划可以带来哪些帮助。

创业学习对专业学习的帮助：

创业学习对职业发展规划的帮助：

任务完成价值

通过本任务的完成，你可以把创业学习的价值具体对应到专业学习和职业发展规划上来，提高对创业学习价值的认同感。

第七节 大学生创业学习意愿的提升

我们知道自己是怎样的人，却不知道自己可以成为怎样的人。

——莎士比亚

一、大学生创业学习意愿的影响因素

意愿是一种心理状态，是个体为了达到某种目标而对前方道路进行的某种指向或心理暗示。个体意愿反映了个体有意识地计划或行动的动机。创业学习意愿是指个体有意愿进行创业学习活动的一种主观态度，具体表现在意向性选择或参与创业实践的程度、学习创业知识的需求度和提升自身创业能力的迫切度这三个方面。

除了个人与生俱来的特质，大学生的创业学习意愿度还受以下因素的共同影响。

（一）内部的因素

（1）受创业意愿的影响。创业意愿是个体是否从事创业活动的主观态度，是触发创业行为的前提。创业意愿的高低决定了实施创业行为的可能性大小，其中包括学习创业的可能性大小。

（2）受个人职业发展探索的影响。个体对未来职业发展的探索越深，思考得越多，对职场环境的感触越细微，对个人的认知越清晰，便越容易获得对创业学习的需求基础。

（3）受个人创业学习价值和意义构建的影响。个体一旦能构建基于自身发展所需的创业学习的价值和意义，便能触发主动学习行为的发生。

（二）外部的因素

（1）受家庭环境的影响。个人的家庭成长环境和条件、父母和家人的观念、家庭重大事件的发生等都会潜移默化地影响个人的创业学习意愿。

（2）受个人社交网络的影响。社交网络是一个由多种实际存在的为个体所感受到的来自不同交往层面的关系及关系涉及的事物组成的网络。社交网络对个体而言不可或缺，能为个体带来丰富的资源，帮助个体实现自身目标。这些资源包括多样化的信息，资金支持，技术上、知识上的建议，社会合法性，甚至是声誉和信誉。社交网络成员的示范带动和支持会为创业学习创造良好的社交环境。

（3）受社会文化和价值观的影响。对创业的支持与肯定、对创业失败的包容以及对创业者的尊重等社会价值观会影响个体的创业学习情感。

二、提升创业学习意愿的策略和建议

创业学习有别于一般的对专业知识的学习，需要学习者主动参与、实践体验与反思和验证。同时，创业学习对学习的自主性和主观性要求较高，所以创业学习的意愿对其绩效影响很大。提升创业学习意愿的策略和建议有以下五点。

（1）树立创业导向的人生发展观。创业导向的人生发展观有别于就业导向的人生发展观，它以创造个人的事业追求为导向，用以终为始的方式规划和设计自己的人生发展，再用创造人生的实践进行点滴积累。拥有创业导向的人生信念，对创业学习的深度和广度都会有很大的提升。

（2）构建基于自我探索的科学创业学习观。与创业活动一样，创业学习也具有很强的主观性。创业学习的价值和意义很难通过外部标准化的输入来获得学习者的认可，它需要学习者基于对个人的实际了解，再结合外部学到的知识进行内化，建构能有效支撑个人短期和长期发展所需的学习价值取向。

（3）多参与和了解创业实践活动。创业实践活动参与得越多，创业学习的能力就越强，创业的自信心也就越强。

（4）多用创业学习收获指导实践。将创业学习中的收获有意地进行显性化、编码化，有意识地运用到日常的工作、学习、生活和社交活动中，增强创业学习的获得感和成就感。

（5）构建创新创业的社交网络。加入创业学习的社群或有意识地积累与创业有关的人脉关系，为自己创造一个创业学习氛围浓厚的社交圈子，提高学习效率。

行动学习小任务 7

自评个人的创业选择倾向和创业学习意愿，感受本章学习前后的内心变化。

选项	学习前	学习后	变化原因
创业选择倾向			
创业学习意愿			

任务完成价值

通过本任务的完成，你可以感受一下自己对创业学习和创业倾向的态度变化。

本章知识图谱

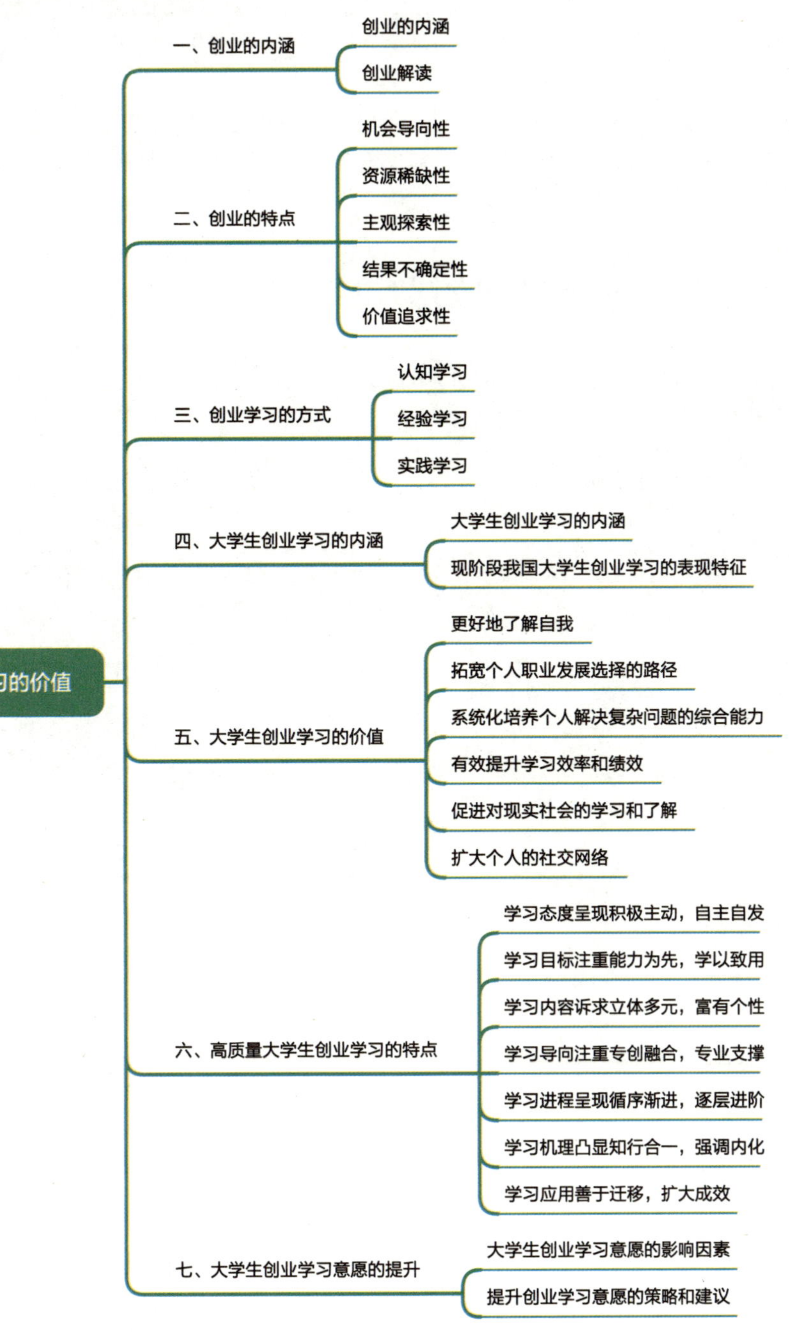

创业学习的价值
一、创业的内涵
创业的内涵
创业解读
二、创业的特点
机会导向性
资源稀缺性
主观探索性
结果不确定性
价值追求性
三、创业学习的方式
认知学习
经验学习
实践学习
四、大学生创业学习的内涵
大学生创业学习的内涵
现阶段我国大学生创业学习的表现特征
五、大学生创业学习的价值
更好地了解自我
拓宽个人职业发展选择的路径
系统化培养个人解决复杂问题的综合能力
有效提升学习效率和绩效
促进对现实社会的学习和了解
扩大个人的社交网络
六、高质量大学生创业学习的特点
学习态度呈现积极主动，自主自发
学习目标注重能力为先，学以致用
学习内容诉求立体多元，富有个性
学习导向注重专创融合，专业支撑
学习进程呈现循序渐进，逐层进阶
学习机理凸显知行合一，强调内化
学习应用善于迁移，扩大成效
七、大学生创业学习意愿的提升
大学生创业学习意愿的影响因素
提升创业学习意愿的策略和建议

本章综合行动学习练习

形成你的创业学习认知

现阶段你觉得个人如何定义创业能更有助于个人的学业、职业和事业发展？

有了对创业整体的概念认知，你还需要思考和回答以下五个问题。

1. 你对学习创业最感兴趣的内容是什么？

2. 你觉得对个人来说，学习创业对你的具体帮助有哪些？

3. 你觉得创业学习与专业学习之间的关系应该是怎样的？

4. 你如何看待创业与就业之间的关系？

5. 假如你选择创业作为个人的发展方式，你认为目前个人还需要提升的地方有哪些？

给自己制订 3 个课程学习的小目标：

第二章

创业学习的基础

研究和学习创业，不一定要去创办企业，但在充满不确定性的时代中一定要理解创业的逻辑，要保持旺盛的创业精神，训练和形成创业思维，把创业精神和技能运用到各自的工作实践中。

——张玉利

伟大的成就并非源自一时冲动，而是由一系列小事汇聚而成。

——文森特·凡·高

学习目标

1. 能熟练讲出创业学习基础包含哪三个层次。
2. 能总体自评现阶段个人的创业精神的具备程度。
3. 能区分三种不同类型创业动机。
4. 能描述出自我最需要培养的三大创业能力。
5. 能熟练讲出创业具有怎样的阶段划分，并明确各阶段的主要任务。
6. 能表达出如何对待创业失败的观点。
7. 能熟练讲出管理思维与创业思维的典型区别以及创业思维适宜创业的理由。
8. 能熟练讲出创业责任的具体表现。

本章重点

1. 创业学习基础的层次结构及内容。
2. 创业精神的具体表现。
3. 创业与创新之间的关系。
4. 精益创业的原则。
5. 因果推理与效果推理的区别。

创业学习的基础侧重的是对创业的基本了解。大学生通过学习创业的基础内容，构建对创业的认知框架，帮助自己在创业学习的过程中有条理、系统化地吸收创业知识，提高对创业知识的迁移运用能力。我们把为了更好地学习创业的专业知识而应预先学习的创业基础知识体系，称为创业学习基础。

对于初学创业的大学生来说，需要学习表 2–1 列出的 3 个层次 10 个主题的基础内容。通过对这些基础内容的学习，搭建好学习创业的底座，夯实学习基础。

表 2–1　3 个层次 10 个主题的基础内容

层次	主题	价值
敢闯：创业准备基础	创业精神、创业动机、创业能力	让学习者明白创业前需要储备的素质和能力，有利于其更好地建构对创业关键要求的认知。
会闯：创业开展基础	创业创新、创业类型、创业方法、创业阶段	让学习者明白创业活动过程中出现的主要决策事件，有利于其更好地建构对实施创业的认知。
能闯：创业心智基础	创业失败、创业思维、创业责任	让学习者明白创业者在创业过程中主要出现的心理成长的变化，有利于其更好地建构对成熟创业心智的认知。

第一节　创业准备基础

一旦创业思维成为第二本能，你就能持续不断地识别不确定但具有高潜力的商业机会，并快速和自信地开发这些机会。不确定性将成为你的盟友而不是敌人。

——丽塔·麦克斯兰斯，伊安·麦克米兰

一、创业精神

创业精神是创业者在创业过程中具有开创性的思想、观念、个性、意志、作风和品质等重要行为特征的高度凝练。创业精神是创业的动力，也是创业的支柱。没有创业精神就不会有创业行动，创业成功也就无从谈起。因此，创业精神对创业至关重要。创业精神主要表现为以下七点。

（1）首创精神，是指主动提出想法、计划或发明，并加以实施的精神。

（2）成功欲，是指一个人心中想要获得成功的强烈欲望。

（3）激情投入，是指能够始终保持激情全身心投入去做一件事情。

（4）冒险精神，是指一个人是否有勇气承担风险，面对挑战。

（5）高度理性，是指能够明辨是非、清楚利害关系并能够控制自己的行为。

（6）善于合作，是指懂得并善于与他人进行合作，联合他人共同应对创业中遇到的问题和困难。

（7）事业心，是指一个人努力成就一番事业的奋斗精神和热爱工作、希望取得良好成绩的积极状态。

创业精神和创新思维的培养需要不断地学习、探索、尝试和突破，需要了解市场和行业动态，保持好奇心和探索欲望，培养自我价值观和信仰，学习创新思维方法，勇于尝试和突破，并不断地实践和创新。

行动学习小任务 1

从以上七个方面自评个人目前的创业精神，然后针对个人的短板与不足，制订提升行动计划。

评估点	评估情况	提升举措
首创精神		
成功欲		
激情投入		
冒险精神		
高度理性		
善于合作		
事业心		

任务完成价值

通过本任务的完成，你可以完成自我对创业精神具备程度的评估，帮助自己从多维度的视角审视自己的创业心态。

二、创业动机

创业动机即激发、维持、调节人们从事创业活动并引导创业活动朝向某一目标的内部心理过程或内在动力。创业动机是创业行为背后的驱动力，促使有创业能力和创业条件的个体进行创业，是区分创业者和潜在创业者的重要依据。

了解创业动机的类型，有利于创业者进一步审视自己的创业动机，通过确立更持久的动机来坚定自己的创业选择。根据创业主动性程度的不同，创业动机可分为事业成就型、创新追求型和生存需求型三种，具体类型及其表现见表 2–2。

表 2–2　创业动机的类型及其表现

类型	表现
事业成就型	获得成就认可；实现创业想法；扩大圈子影响； 成为成功人士；掌控自己的人生；解决某个问题

续表

类型	表现
创新追求型	对解决现实问题的方式不满 追求高效率高收益 验证创新技术的价值
生存需求型	不满薪酬收入 注重经济保障 希望不再失业

大学生是一个特殊的群体，其创业动机的形成机理与社会人员是有区别的。在校大学生创业动机受三个不同心理动机的综合影响，即精神动机、名利动机和责任动机，其中精神动机对大学生创业倾向的影响程度最为显著。

（1）精神动机。精神动机具体包括检验个人想法、挑战自我、获得成就感等内容，反映了大学生希望通过创业来实现自我理想的愿望。大学生思想活跃、朝气蓬勃，容易接受新鲜事物，具有开拓创新精神，有着实现自我价值和个人理想的远大志向。这些特点是大学生创业重要的动力源泉。因此，与其他创业者群体相比，大学生有着更加强烈的精神动机。

（2）名利动机。名利动机具体包括解决就业、提升社会地位、获得社会认可、实现个人独立、积累财富等内容，反映了大学生希望通过创业获取权力、财富、地位等外在认可的动机。获得成功是每个人的梦想，无论是在传统的历史文化中还是在现今的社会环境中，成功的标志更多的是与外在的财富地位联系在一起的。对成功创业者的崇拜和学习，激励了大学生选择自主创业。

（3）责任动机。责任动机包括通过创业促进国家经济发展、促使社会进步、解决社会民生问题和突破技术封锁等内容。创业一方面可以增强经济活力，将更多的创新成果转化为商品，创造价值，促进国家经济的发展；另一方面可以缓解就业压力，帮助更多的人共同致富、实现梦想，推动社会的不断进步。责任动机是一类更高层次的成就目标，是大学生高层次创业的动力源泉。

以上三种心理动机产生作用时的力量结构决定了大学生创业动机的类型，即到底是事业成就型、创新追求型还是生存需求型。这里要强调的是动机的类型并无优劣之分，并且一个人的创业动机会在不同阶段进行演化。我们需要明白的是，无论你的创业动机属于哪种类型，只有拥有强烈的创业动机，才能激发我们的创业行动。

行动学习小任务 2

请思考：现阶段最有可能激发你创业的动机属于哪种类型？你期望受怎样的动机驱动？你如何去获得这样的动机？

自我思考	自我回答
现阶段最有可能激发你创业的动机是什么？	
你期望未来激发你的动机是什么？	
你将如何去获得这样的动机？	

任务完成价值

通过本任务，你可以完成自我对创业动机选择倾向的一次探询，为获得希望拥有的动机而明确努力方向。

三、创业能力

每个人的特质有一部分是与生俱来的，还有一部分是靠后天培养和练习而获得的。创业的意识、特质和能力同样可以靠后天的学习获得。优秀的创业者需要具备良好的沟通能力、判断能力、创新能力、领导能力、社会交往能力、问题解决能力和自我管理能力等。对于大学生来说，无论对创业的选择态度如何，创业能力的培养都将有助于未来职业发展能力的提升。大学生在校期间，特别要注重对以下九个创业能力的培养。

（1）智力能力。这种能力可以让大学生把目前所考虑的事情和现实世界联系到一起，并判断孰轻孰重，有能力对下一步的行动做出决断。

（2）联盟能力。这种能力可以让大学生发现他人的个性和优点，与他人分享彼此的感受，可以与他人结成亲密的友谊。

（3）价值独立判断能力。这种能力可以让大学生依靠自身的经验而非依赖于一些外部的权威人士来做出判断。

（4）接受不确定性的能力。这种能力可以让学生摆脱对确定性的依赖，能乐观地面对不确定性事件的发生。

（5）沟通和交往能力。这种能力可以让大学生乐于与不同的人分享和交流，特别是可以劝导和说服他人。

（6）创新能力。这种能力可以让大学生喜欢用不同的视角看待问题，用不同的思维分析问题，用不同的方法解决问题。

（7）领导能力。这种能力可以让大学生具备带领和管理团队的能力，能更好地影响他人。

（8）问题解决能力。这种能力可以让学生对事物保持好奇心，乐于去发现问题和解决问题。

（9）时间管理能力。这种能力可以让大学生加强对稀缺资源时间的有效利用，科学合理地分配时间和制订计划。

拓展学习 1

乔布斯，创新创业从兴趣开始

史蒂夫·乔布斯（Steven Jobs）是美国苹果公司创始人，前CEO。乔布斯传奇的一生，源于他研发了诸多影响世界的数字产品与技术，如第一代苹果电脑、Macintosh电脑、第一部全电脑制作动漫、iPad、iPod、iTunes Store、iPhone等。微软联合创始人保罗·艾伦这样评价乔布斯：“一个无与伦比的科技潮流先驱和导演者，他懂得如何创造出令人惊叹的伟大产品。”乔布斯的成功在于，他找到了并且全身心地投入自己的兴趣之中。

1. 兴趣是创业的开端

儿时的乔布斯生活在著名的“硅谷”附近，也许受周围环境的影响，他对电子学情有独钟。19岁时，乔布斯进入了Reed大学，但只读了六个月便申请退学了。后来，他在斯坦福大学2005年毕业典礼上的演讲中这样说道：“我看不到其中的价值所在，我不知道我真正想要做什么，我也不知道大学能怎样帮助我找到答案。……我决定退学。……然后我可以开始去修那些看起来有点意思的课程。”中国的大学生大多按部就班地走升学就业之路，而忘却寻求自己的兴趣所在和思考事物的真正价值。所以，有人为了上名牌大学而选择完全不喜欢的专业；有人忙于从大学毕业而忘记了最初的学习目的；也有人为了尽快就业或创业而选择毫无兴趣的行业。当他们面对创业时，就会感到毫无头绪。每个人的个性、能力、才华、理想、兴趣是不同的，与大众选择相同的路径不一定能够达到自己的目标。当然乔布斯的退学并不适合每个人去效仿，他的退学，多是经济原因。退学后的乔布斯日子过得很困苦，也曾迷茫过。这里要说的是，成功人士的创业思路是由兴趣引发的，乔布斯创办苹果公司是源于他从小对电子学的浓厚兴趣。不要盲目地跟从他人，而是要清楚地认识了解自己的兴趣所在，勇于思考和探究事物价值，保持清晰的头脑，探索出一条适合自己兴趣发展的创业之路。

2. 小的兴趣也是成功的基石

乔布斯说："你在向前展望的时候不可能将这些片段串联起来，你只能在回顾的时候将点点滴滴串联起来。所以你必须相信这些片段会在你未来的某一天串联起来。"乔布斯退学以后，在雅达利电视游戏机公司工作之余，仍然坚持到学校读些感兴趣的课程，与朋友沃兹继续从中学就开始研究的电子学。抱着开发一台自己的电脑的想法，乔布斯和沃兹在自家的小车库中制造出了一款使用微处理器的个人电脑。这台"第一代苹果电脑"让乔布斯发现了商机，在市面上都是商用电脑的状况下，推出个人电脑无疑填补了市场空白。让乔布斯骄傲的是，这台外表简陋的电脑领先设计了漂亮的印刷字体，而这归功于他曾按照自己的兴趣读了Reed大学的美术字课程。成功之门总是向有准备的人敞开，乔布斯与沃兹经过长期对所感兴趣学科的积累而成就了第一代现代个人电脑从而成立苹果公司；他对美术字的兴趣更改善了世界电脑的印刷字体。这些都在提醒我们：不要忽略你的兴趣，哪怕你现在觉得它微不足道，也许有天它会给你的人生带来巨大财富。

3. 好奇心是创新的源泉

乔布斯是如何做到先人所想的？是依靠苹果公司详细深入的市场研究分析报告吗？乔布斯认为，"你不能问消费者想要什么，然后再提供产品给他们。等你做出来的时候，他们已经想要新的东西了"。的确，在有iPhone之前，你不会想到一部拥有上万个应用程序，电池却用不到一天的手机，会让双卡长时间待机的智能手机一夜之间落伍了；在有iPad之后，你发觉没有一个便捷好玩的平板电脑在手就OUT了，它甚至可以代替会议的纸质文件资料。在消费者满足于现有的产品，还没有意识到哪里需要或可以改进时，乔布斯就已经洞悉先机并着手改进创新了。这是乔布斯凭借着自己的直觉吗？用他自己的话来说就是，"我跟着我的直觉和好奇心走，遇到的很多东西，此后被证明是无价之宝"。

然而并不是每个人都能轻易拥有这般准确的直觉。乔布斯的直觉之所以准确前卫，正是因为他对电子行业的执着与热爱。直觉与好奇心是相辅相成的，好奇心则源于你对兴趣的热情与激情。当你置身于所钟爱的兴趣之中，你就会不断地学习、深入、探索、研究、拓展、创新，抱着一种“求知若饥，虚心若愚（stay hungry, stay foolish）”的态度，你自然会先人所想，洞察先机。

4. 兴趣是创新创业的动力

乔布斯的事业也不是一帆风顺的。他在而立之年被苹果公司开除了。这对任何人来说都是毁灭性的重击，难以走出的逆境。回顾那段痛苦的时期，乔布斯却说那是他生命中最有创造力的一个阶段。“有些时候，生活会拿起一块砖头在你的脑袋上猛拍一下。不要失去信仰。我很清楚唯一使我一直走下去的，就是我做的事情令我无比钟爱。”诚如所言，风靡全球的《玩具总动员》就是那时乔布斯的皮克斯动画制作公司制作的，它是第一部电脑制作的也是首部3D立体动画电影。他还创立了软件公司NeXT，这使他重回苹果公司。一些刚走出校园的大学生，会以为创业不难，至少一些看似没什么文化的人都成了公司总裁，但是慢慢地会发现：选项目、筹资金、选店面、组团队没有一样是容易的。于是，很多人在创业屡屡受创之后，选择了放弃。容易放弃的都不是你所钟爱的，所以开始选项目时就应该选你最感兴趣的，而不是目前看来最赚钱的。只有选准你情有独钟的行业，你才会在遇到困难的时候坚持不懈地寻找突破口，在遇到瓶颈的时候去竭力创新。只有这样，你才能在你所选的行业中走得更加长远。创新创业不是容易的事，没有人能随随便便成功，遇到困难阻力在所难免，只有始终坚持自己兴趣的人才能得到胜利女神的眷顾。

任何事物对于不同的人而言都有着各自的价值，盲目地效仿并不一定会获得同样的效果。这就好比让一个对学习毫无兴趣却对创业充满激情的人去考研，显然是浪费时间。找到自己的兴趣所在并从事它，是迈向成功创业的第一步。积累任何与兴趣相关的知识或其他看似不相关的兴趣知识都会成为你创新创业道路上的基石。一个人对某一事物的热爱与好奇，能够促使他探索更多的知识，激发他最大的潜能，从而让他不断改进创新，走在行业的前端。乔布斯在电子产品领域有着诸多的新成果，他视自身为最狂热的使用者，更是最为渴望有新突破的电子产品消费者，这促使他不断创新，为自己的兴趣设计研发新产品新技术。乔布斯凭着对电子行业绝对的激情和狂热，改变了更影响了全世界的手机市场、个人电脑市场乃至整个电子行业。乔布斯让这个被咬了一口的苹果成为时髦的代名词，引领了一场触屏手机和个人电脑的革命。大学生创业也要选择自己最为感兴趣的行业，才有可能迸发出创新创业的激情与无限潜能，早日迈入成功的大门。世界上有四个苹果，一个给了夏娃，一个给了牛顿，一个给了乔布斯，还有一个，在你的手中。

行动学习小任务 3

请自我评估个人现阶段这九个方面的能力，梳理出能体现个人能力的现实事例。自我评估可以用自我描述性的语言进行表达。

创业能力	自我评估	现实表现事例
智力能力		
联盟能力		
价值独立判断能力		
接受不确定性的能力		
沟通和交往能力		
创新能力		
领导能力		
问题解决能力		
时间管理能力		

任务完成价值

通过本任务，你可以完成自我对创业能力具备情况的一次探询，从而找到欣赏自己和鞭策自己的理由。

第二节　创业开展基础

如果你真的想成功，那就投资自己去获取那些发现你的独特之处所需的知识。当你发现了并集中精力在这上面且能持之以恒时，你离成功就不远了。

——西德尼·麦德韦德

创业的过程伴随着一系列的创业决策，创业者对创新的认知和态度、对创业类型的了解和选择、对创业方法的摸索与掌握、对创业阶段的研判，都对创业决策有较大的影响。

一、创业创新

把握创业与创新的关系，有利于创业者更好地做出创新决策，善用创新来提高创业的质量。

创新在创业的语境中意味着革新、突破和优势的创造，在强调创造性活动的差异化和独特性同时，又强调创造活动的价值可实现性。创业活动中的创新包括产品创新、技术创新、市场创新、组织形式创新等。在创业实践中，创业与创新是密不可分的，创新以创业需求为导向，创业以创新能力为支撑，实现创新的创业化和创业的创新化。两者具备以下三方面联系。

（1）高质量的创业活动会自发催生对创新的需求。对创业效益的追求、创业竞争的激烈和创业资源的稀缺等现实条件，决定着创业活动天然具有创新的需求。只是何时创新、如何创新、创新程度如何等由创业者根据现实进行决策。

（2）有效的创新活动会更好助力创业目标的实现。创新可以伴随着创业的始终，创业过程的各个阶段、各个环节、各个要素都可以通过创新来支撑创业的高质量开展。创新本身需要更高的投入来保证，为了更好应对创业资源稀缺的困难，创业过程中更加需要有效、有用、有利的创新。

（3）创业与创新间的交互影响会更好促进两者的融合。无论是基于已有创新的创业，还是基于创业需要开展针对性的创新，抑或是创业过程中创业决策和创新现实之间的调适与调整，都使得创业与创新两者之间相融相生，从而更好地保证创新的有效性和创业的成功率。

拓展学习 2

斯坦福大学的创意发明圈

想象带来创造，创造导向创新，创新促成创业。多年来，斯坦福大学创意课教授蒂娜·齐莉格一直致力于创新力方面的研究。在《斯坦福大学创意课》这本书中，齐莉格基于其在斯坦福大学精彩的创意课的内容，对想象力、创造力、创新力及创业精神进行了清晰的定义与区分。蒂娜·齐莉格提出了"发明圈"的新概念（见图 2–1），用以指导人们通过历经"发明圈"中想象、创造、创新、创业等不同阶段，找到创业的新模式。

图 2–1 发明圈

想象是指设想不存在的事物。想象需要积极投入某项事业的热情与大胆设想多种可能选项的行动。

创造是指运用想象力来应对某种挑战。创造需要不断应对挑战的动机与反复实验的行动。

创新是指运用创造力来开发独特的解决方案。创新需要保持专注与重构问题，并从中找到独特解决方案的行动。

创业是指运用创新的方法将观点落实，并激发他人的想象。创业需要坚毅的品格与激励他人的行动。

没有积极投身于外部世界、设想各种可能性的想象者，人们就看不到那些需要解决的问题；没有动机满满的创造者尝试各种解决问题的方案，日常生活中的问题就无法被消灭；没有专注于挑战惯性思维、重构问题的创新者，就不可能诞生新颖的观点；没有坚持不懈、极具号召力的创业者，创新的设想就不可能开花结果。

行动学习小任务 4

有人说企业在经营的过程中不创新会死，创新也会死。为了培养自己的创新观，你需要探究在现实创业中，创新的有利一面是什么，创新的风险又是什么。

创新的有利一面：

创新的风险：

如何形容或描述创业与创新之间的关系？

任务完成价值

通过本任务的完成，你可以用更加辩证的眼光来探究创业与创新之间的关系，从而帮助自己更好地处理好两者之间的关系。

二、创业类型

创业者明白自己的创业属于哪种类型，有利于提前了解创业活动将呈现出的一些具体特点，从而让自己更好地适应所需的创业风格。根据不同的分类维度，我们可以对创业进行不同的分类。比如，按创业者数量的多少，可以分为个体创业和团队创业；按创新程度的不同，可以分为模仿型创业、复制型创业和创新型创业等。以下五种是大学生群体中易出现的创业类型。

1. 生存型创业

生存型创业是创业者为了生存，通过在现有市场中捕捉机会而进行的创业。创业起步容易，具有低成本、低门槛、低风险、低利润的特点。随着创业资本的积累和创业者个人的成长，生存型创业也会由被动转向主动。

2. 机会型创业

机会型创业是指为了追求一个商业机会而从事创业的活动。机会型创业着眼于新的市场机会，拥有更高的技术含量，有可能创造更大的经济效益，从而改善经济结构。机会型创业对社会进步的推动作用较大，往往能创造或引领一项新的事业，但其创业的门槛和要求也较高。

3. 创新型创业

创新型创业是指创业者建立新的市场和顾客群，突破传统的经营理念，通过自身的创造性活动引导新市场的开发和形成，通过培育市场来营造商机，不断满足顾客的现有需求及开发其潜在需求，逐步建立起顾客的忠诚度和对企业的依赖，为经济社会的全面进步提供巨大的原动力的一类创业模式。创新型创业注重用新的科学技术和商业技术来提升创业竞争力。

4. 社会型创业

社会型创业是指组织或个人（团队）在社会使命的驱动下，借助市场力量解决社会问题或满足某种社会需求，追求社会价值和经济价值的双重价值目标，保持组织的可持续发展，最终实现社会问题朝着人们希望的目标改变。社会型创业是20世纪90年代以来在全球范围内兴起的一种新的创业形式，这一创业形式在公共服务领域被发现，并逐渐超越民间非营利组织的范畴，成长为一种不同于商业创业和非营利组织的创业模式，被认为是一种解决社会问题的社会创新模式。

5. 岗位型创业

岗位型创业是指在企业内部，员工将创新、创造和创业的理念落实到自己的岗位上，通过优化流程、改善方法、提高效率等方式创造价值，同时实现自我价值的提升。岗位创业这个概念区别于自主创业，是在已有的岗位上进行创新，从经济学角度看，可以使得生产效率提高，减少投入，增加产出。岗位型创业有两种形式：①对自己本岗位本职业有重大贡献和创举，甚至引领此行业的发展。②利用现有资源去创业，现在从事的职业相当于创业的一个基石。

行动学习小任务 5

不同的创业类型往往代表着不同的创业动机和创业缘由，请试着举出各种创业类型的实例，以帮助自己提升对创业类型的辨别力。同时思考你的首次创业最大概率会属于哪种类型，你为此需要提前做好哪些准备。

创业类型	实例	首次创业可能的选择	你需要做的准备
生存型创业			
机会型创业			
创新型创业			
社会型创业			
岗位型创业			

任务完成价值

通过本任务的完成，你可以明确自我对创业类型倾向性选择的态度，从而帮助自己留意后续个人发展中遇到的创业机会。

三、创业方法

创业活动的特性决定创业不会像传统的计划性活动一样，有固定的流程和确定的规律。不同的创业者、不同的创业项目、不同的阶段、不同的环境条件，都需要创业者因时、因地、因人、因需进行探索和尝试，最终走出一条生存和发展之路。在交流创业经验的时候，我们经常能听到意见相左或矛盾的见解。创业没有普适的法则，也没有万能的方法，需要创业者在吃透创业活动特性的前提下，依据现实中的内外部条件，进行灵活决策和应对。创业的主观性，使得每位创业者最终都会形成自己的创业方法论，尤其是创业决策的风格和偏好。

对于创业新手和创业初学者来说，可以把创业看作开展探索式的科学实验，在测试和验证中找到事实和真相。科学的创业，需要有科学的创业方法。20 世纪 90 年代，在美国硅谷兴起一股“精益创业”热潮。如何减少创业过程中的浪费、提高对创业失败的学习效率从而降低创业失败的概率，成了大家关心和亟须解决的问题。精益创业的思想和方法很适合以知识和技术创业为主的大学生。

精益创业从行动开始，是行动导向而非计划导向的一种创业模式。即用科学试错的方式来获取认知，由行而知，完成学习的第一循环，接着将所收获的认知转向行动，由知而行，完成学习的第二循环，然后不断地重复这个过程，最终形成认知的不断更迭与行动的不断调整。精益创业体现了以下五个基本原则，如图 2-2 所示。

图 2-2　精益创业的五个基本原则

（1）用户导向原则。精益创业的核心是围绕客户，所有的认知、所有的迭代都是围绕客户展开的。与之对应的是自我导向型的创业，创业者将个人作为创业决策的主要依据。

（2）行动原则。行先于知，而不是用知来引导行，从计划导向转为行动导向。

（3）试错原则。从理性预测转向科学试错，利用测试工具和测试模型进行试错测试，以获得客观真实的认知。

（4）聚焦原则。创业初期要把注意力和精力聚焦在早期的天使客户上，通过了解并满足他们的需求，去更好地迭代优化自己的产品设计。

（5）迭代原则。与依赖完美计划的制订和执行进行创业相比，精益创业中需要更多的调整和迭代，并且还要注重迭代速度。

拓展学习 3

精益创业简介

精益创业（Lean Startup）由硅谷创业家Eric Ries于2012年8月在其著作《精益创业》一书中首度提出。但其核心思想受到了另一位硅谷创业专家Steve Garry Blank的《四步创业法》中“客户开发”方式的很大影响，后者也为精益创业提供了很多精彩指点和案例。

精益创业这个词来源于“精益生产”，最初提出“精益生产”理念的是日本丰田公司。它把每批次产品的规模缩小，这样就可以实现实时的生产和库存管理，如此一来不仅加快了循环周期，还能够更灵活地生产出适应各种需求的产品。在20世纪，日本的汽车业就是依靠这种方式超过了美国，成为全球汽车行业的领头羊。而精益创业是在这个基础上给创业者提供了一种衡量创业企业生产力的方法。

传统企业通常思考的是：这个产品能开发出来吗？而往往忽略了顾客是不是真的需要这个东西。这样就会导致创业失败。创业者一厢情愿地觉得这东西好，但没有人买。

而精益创业需要思考另外一个问题：需要开发这个产品吗？或者围绕这一系列的产品和服务，我们能够建立一项可持续的业务吗？这样的思考能使创业者更精准地找到目标顾客，然后实行小范围实验，随时进行反馈修改，从而实施产品的迭代，然后获得高速的增长。

精益创业分为三个阶段。第一个阶段，你要去考虑顾客到底需要什么，什么样的服务可以解决他的痛点，然后用最小的成本，在最短的时间内针对这些问题去开发出新产品。第二个阶段，你需要继续投入最少的钱和精力，利用有限的资源，在最短的时间内做出产品，并且快速地投入市场。通过不断地进行小规模实验，获得顾客的反馈，然后持续迭代，让产品得到市场的验证。第三个阶段，通过第二个阶段的测试反馈，得到一系列的参考指标后，你可以对这些指标进行评价和分析，然后判断这个项目到底有没有前途，需不需要转型或放弃。以上三个阶段就是精益创业的核心策略，也就是开发、测量、认知三个步骤的反馈循环。

精益创业的思想精髓是低成本快速试错。如果用两个字描述精益，那就是试错，四个字就是快速试错，七个字就是低成本快速试错。精益的精髓就是：低成本试错（Fail Cheap）和快速试错（Fail Fast）。

四、创业阶段

创业的过程不是流程式的按部就班，他人的创业经验也很难进行复制。我们可以通过对创业阶段的学习，来节点式地掌握创业进程，了解每个阶段的任务。创业过程涵盖以下五个阶段。

1. 创业的选择阶段

创业的选择阶段主要是做出两个选择决策：一是是否要开始创业，二是选择哪个领域哪个方向创业。这个阶段作为开展实质性创业活动的起点，对创业活动有全局性的影响。创业选择的动机、坚定程度，创业方向的机会性、适宜性研判等都会影响创业者的创业心理。

我们把潜在创业者进行创业积累和最终发生创业行为这个阶段称为创业的准备阶段。

2. 创业机会的确定阶段

基于上一阶段的经验研判和在实践中的摸索尝试，真实的适合创业者选择的创业机会会逐步浮出水面，由朦胧变为清晰。创业机会的确定会经历由主观判断为主到客观修正再到基于客观的主观判断这样三个环节。一开始，创业者往往会基于主观经验形成创业机会的认知。随着对创业机会的确认性学习，创业者会获得越来越多的客观事实数据和信息，这会帮助其修正先前的主观认知。最终创业者会在主观和客观认知中进行平衡，形成自己对于创业机会的主见。

3. 创业项目的发展阶段

伴随创业机会的探索，创业项目已经开始启动。在机会得到确认后，进入更快速的发展阶段。创业项目的打造主要围绕充分利用创业机会而需具备的人、财、物、组织、制度等创业要素的获得和建设来展开。创业项目的发展是一个从无到有、从小到大的过程，当然也会面临夭折的风险。

4. 创业项目的认可阶段

创业项目的验证是指作为一个新生的创业组织，其合法性得到了现实环境的认可。与创业活动相关的各方，包括社会管理者、竞争者、合作者、供应商、顾客等，对创业项目的存在和发展价值进行了认可，说明创业项目得到了有利的发展环境和条件，得到了各方的初步认可和接受。

5. 创业项目的规模化发展阶段

在获得已有创业经验和项目认可的基础上，因追求更大价值的需要，创业项目会进入规模化发展阶段，不断扩大业务的空间范围和业务边界。同时，随着业务的发展，会对原有的业务各关联方产生不同的影响，原有的项目认可的平衡状态会打破，新的平衡又会形成。所以，规模化发展的过程是一个打破—重构—再打破的动态循环过程。循环的顺畅性和速度就代表着规模化发展的效率和质量。

行动学习小任务 6

请思考对于创业者来说，在不同阶段创业的核心任务是什么？

创业阶段	核心任务
创业的选择阶段	
创业机会的确定阶段	
创业项目的发展阶段	
创业项目的认可阶段	
创业项目的规模化发展阶段	

任务完成价值

通过本任务的完成，你可以明确不同创业阶段创业者的首要任务和关键任务。

第三节　创业心智基础

伟大的成就并非源自一时冲动，而是由一系列小事汇聚而成的。

——文森特·凡·高

一、创业失败

创业是一项失败率较高的活动，无论是中国还是欧美发达国家，初创企业的高失败率都是非常普遍的。美国人口统计局的一项调查指出，34%的企业在创立前两年就死亡，50%的企业存活时间不超过4年，60%的企业不超过6年。大学生创业面临着极高的失败风险，根据风险投资数据库CB Insights机构的统计数据，大学生创业失败率高达95%。这说明大学生创业失败是普遍现象。有效地管理和利用好失败，让失败变得更有价值就显得尤为重要。针对创业的高失败率，大学生应该做到以下四点。

1. 树立大成功小失败的理念，辩证看待创业失败与成功之间的关系

一方面，创业成功需要失败的支撑，以使成功更加稳定可靠。在创业过程中，正是多次的小失败铸就了大成功。另一方面，创业的失败中孕育着局部的成功，这些局部的成功积累，会降低下一次的尝试成本，提高成功率。

2. 深刻把握创业活动的特性，理性看待创业的高失败率

创业过程的“高度不确定性、资源稀缺性和机会的时效性”这三性导致创业的高失败率，我们应该从根源上理性看待。在接受的同时，要通过日常有意识的积累激发自己的挑战意志。

3. 掌握科学的创业方法，努力降低创业失败的成本

创业的失败会带来财务成本和非财务成本。财务成本是指创业者经历失败后的财务损失，包括实物或货币的损失、收入的减少甚至是背负债务。非财务成本包括个人声誉降低、人际关系恶化以及个人负面情绪等。掌握科学的创业方法，在把损失控制在可承担范围内的同时，追求成本最小化。

4.用学习的心态看待失败，视创业失败为学习良机

创业失败是创业者后续获得创业技能和知识的重要来源，给创业者带来了难得的学习知识的机会。创业过程中的失败经历对创业者来说是刻骨铭心的，有效的复盘和正确的归因能极大提升创业者的创业见识和能力，尤其是能提高创业者的心理素质，从而给创业绩效带来正向影响。

行动学习小任务 7

请访谈一位有创业失败经历的人，了解他对创业失败的看法和经验。如果可以，请多访问几位，最后形成自己对创业失败的理解和认识。

访谈人物	失败经历简述	失败的经验	你对创业失败的理解和认识

任务完成价值

通过本任务的完成，你可以学习他人的实践经验，得到如何面对和管理创业失败的经验教训。

二、创业思维

（一）创业思维的推理理论

创业思维，是指利用不确定的环境创造商机的思考方式。创业者经常不得不在高度不确定的环境下做出决策，在面临大笔投资的同时，还必须面对高风险及沉重的时间压力。相较于时间充足、已把握问题本质以及拥有适合的规章制度、可直接切入并解决问题的情况，创业者在高压环境下需要选择完全不同的思考方式。

早期的创业研究聚焦于创业者特质。研究发现，创业者的性格和特质多种多样、难以统一，而创业者的思维却惊人地相似。于是，创业认知研究不再基于特质来区分创业者，而是基于创业者的思维模式来区分，并且开始假设特定的思维模式是竞争优势和个体差异的来源。

在面对高度不确定性时，不可能构思出一条通向未来的道路，唯一可采取的举措就是行动，通过行动不断发现有关未来的现实。那么，如何行动呢？大踏步前行肯定不可取，因为很可能会落入陷阱之中。萨阿斯·萨阿斯瓦斯（Saras Sarasvathy）经过实验研究，发现一种适宜创业的推理理论，即效果推理理论。该理论体现了实用主义的哲学思想，对于创业者具有重要的指导作用。

与效果推理理论相对应的是因果推理理论。因果推理理论认为，人们在多大程度上可以预测未来，就可以在多大程度上控制未来。而效果推理理论认为，人们能在多大程度上控制未来，就有多大把握不去预测未来。效果推理理论改变了传统的目标和手段之间的关系以及预测和控制之间的关系。对基于预测的过程思维和基于效果的创业思维进行比较，如图 2–3 和图 2–4 所示，可以看出，基于预测的过程思维根据制订的目标而采取行动；基于效果的创业思维首先考虑的是目前具有的资源和能力能够达到什么样的目标，然后再开始行动。在行动过程中随着创业者的能力和掌握的资源变化，创业思维目标也在不断调整。这种思维方式具有灵活、多变、可实现的特点。基于效果的创业思维最终实现的目标可能会与最初设定的目标相差较大。

基于预测的过程思维的行动　　基于效果的创业思维的行动

目标　目标　目标 1　目标 2　目标 3

开始　开始　开始

图 2-3　基于预测的过程思维的行动和基于效果的创业思维的行动

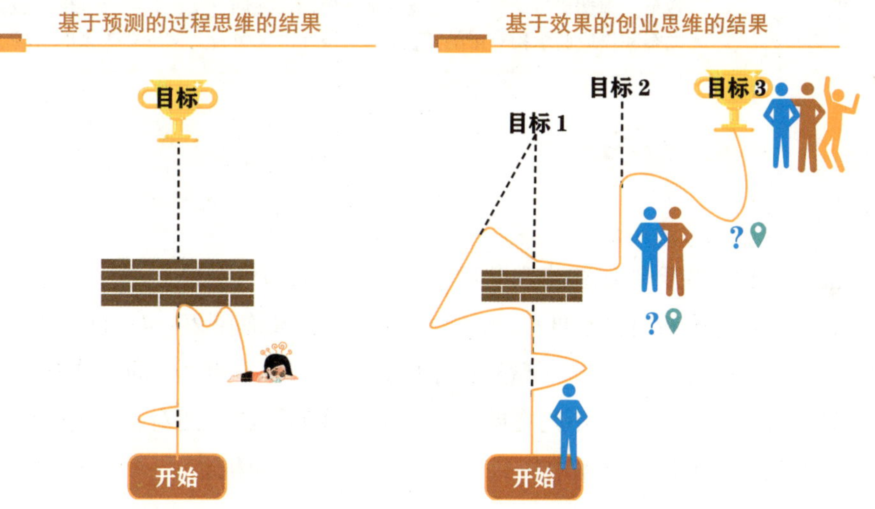

图 2-4　基于预测的过程思维的结果和基于效果的创业思维的结果

拓展学习 4

因果逻辑与效果逻辑的区别。

项目	因果逻辑	效果逻辑
对未来的认识	预测：把未来看作过去的延续，可以进行有效预测。	创造：未来是人们主动行动的某种偶然结果，预测是不重要的，人们要做的是创造未来。

续表

项目	因果逻辑	效果逻辑
行为的原因	应该：以利益最大化为标准，通过分析决定应该做什么。	能够：做你能够做的，而不是根据预测的结果去做你应该做的。
采取行动的出发点	目标：从总目标开始，总目标决定了子目标，子目标决定了要采取哪些行动。	手段：从现有的手段开始，设想能够利用这些手段采取什么行动，实现什么目标，这些子目标最终结合起来构成总目标。
行动路径的选择	既定承诺：根据对既定目标的承诺来选择行动的路径。	偶然性：选择路径是为了使以后能出现更多、更好的途径，因此路径可以随时更换。
对风险的态度	预期的回报：更关心预期回报的大小，寻求能使利益最大化的机会，而不是降低风险。	可承受的损失：在可承受的范围内采取行动，不去冒超出自己承受能力范围的风险。
对其他公司的态度	竞争：强调竞争关系，根据需要对顾客和供应商承担有限的责任。	伙伴：强调合作，与顾客、供应商甚至于潜在的竞争者共同创造未来的市场。

（二）创业思维的表现

1.关于资源：利用手头资源快速行动

创业者对创业机会形成初步判断后，不是要花大力气对机会进行确定或者预先设定目标，而是首先分析自己是谁（自己的身份）、自己知道什么（自己的知识）以及自己认识谁（自己的社交网络），即了解自己手中拥有的资源有哪些。创业者应该运用各种已有资源来创立新企业，而不是在既定目标下寻找新资源。面对初步的创业机会，从拥有的资源出发，最终在行动中找到真正属于自己的创业机会。

2.关于风险：根据可承受的损失而不是预期的收益来采取行动

创业者必须首先确定自己可以承受的损失以及愿意承担的损失有多大，然后再投入相应的资源，而不是根据创业项目的预期回报来投入资源。毕竟任何预期收益都是不确定的，但失败后可能造成的最大损失是确定的。在采取每一步行动之前，创业者都应该只付出自己能够承担并且愿意负担的投入，否则就跟赌徒差不多。在考虑投入时，应该综合权衡各种成本，包括金钱、时间、职业和个人声誉、心理成本和机会成本等。这也符合正确看待创业失败的要求，也就是让创业失败在尽可能低的成本下发生，保存通过失败获取经验并东山再起的实力。

3. 关于行动：小步快走，多次尝试

大步行动在理论上效率高，但在创业的高度不确定性中，如果第一步迈错了，那步子越大，损失就越大，并且第一步迈对的概率也很低。所以在创业中小步行动通常是有道理的。因为如果能够小步行动，就可以有机会多次采取行动，而较大的步伐将提高我们碰上无法预测事件的概率。不断地尝试，就不断会有新的积累，就能成为某个领域里的专家。

4. 关于他人：在行动中不断吸引更多的人加入进来

寻找愿意为创业项目实际投入资源的利益相关者，通过谈判、磋商来缔结创业联盟，建立一个自我选定的利益相关者网络，而不是把精力花在大量竞争分析上，尽可能与竞争者形成差异化，寻找利益共同点，甚至合作与结盟。联盟的构成决定创业目标，随着联盟网络的扩大，创业目标也会不断地发生变化。

5. 关于意外：把行动中的意外事件看成好事

西方有一句谚语："如果生活给了你柠檬，就把它榨为柠檬汁。"这实际上是要求创业者以积极的心态主动接纳和巧妙利用各种意外事件和偶发事件，因为它们在创业途中无法避免，不应消极规避或应付。在创业过程中，你采取的行动很可能不会带来你期望的结果，反而会出现你意想不到的状况。这个时候就要注意，因为意外同时也意味着新的机会，当然也可能是新的问题。但无论是新机会还是新问题，利用和解决它们都将帮助你找到正确的前进方向。

6. 关于动力：把激情当成行动的动力

如果不断尝试，却总是遭遇挫折，长期下来，可能会彷徨，不知道自己究竟要尝试多少次、犯多少次错才会成功。所以我们需要一个强大的动机来渡过这些难关，即激情。激情是驱动创造力的关键要素。如果驱动创业者的动力是诸如激情的内在动机，而非外部因素，那么取得创造性成功的概率就会比较高。

行动学习小任务 8

试着寻找一件对你来说具有高度不确定性的事件或任务，分别尝试用基于因果逻辑推理的管理思维和基于效果逻辑推理的创业思维来完成，然后比较两者的完成过程和完成效果。

实践或任务描述：

管理思维主导下的完成过程及完成效果：

创业思维主导下的完成过程及完成效果：

任务完成价值

通过本任务的完成，你可以用自己的亲身经历去感受创业思维和管理思维两种不同工作思维对相同任务行为决策的不同影响。

三、创业责任

创业过程是创业者实现个人意图的过程，创业无论是成功还是失败都将对创业者和社会带来影响。创业中会存在个人利益与社会利益之间的冲突，比如一些看起来似乎很精彩的创业想法可能隐藏着对社会的严重不良影响。创业者一定要遵守道德伦理并积极承担社会责任，这也是创业成功的重要保证。大学生创业群体是一个国家和地区的创业生力军，确立较强的责任意识有助于形成正确的创业价值观，让自己的创业之行稳且远。按照初创企业所应承担责任的基础性及社会规范性，可以将创业责任分为经济责任、法律责任、道德责任和慈善责任，如图 2–5 所示。

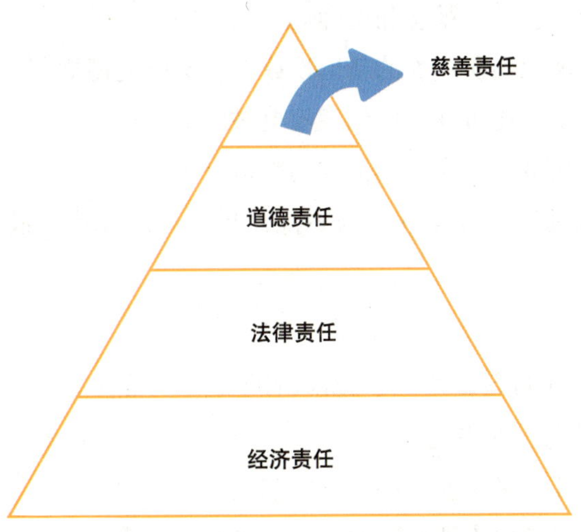

图 2-5　初创企业的社会责任金字塔

1. 经济责任

企业是我们这个社会最基本的经济单元，其直接目的是获得利润最大化。企业的其他责任都建立在经济责任之上，没有了经济责任，其他责任都是空谈。经济责任主要包括：

（1）使经营符合每股收益最大化要求；

（2）努力实现利润最大化；

（3）保持强有力的竞争地位；

（4）保持高水平的运作效率；

（5）持续盈利。

2. 法律责任

企业在生产经营的过程中要遵守当地的法律规范和规章制度，这与经济责任一样，是企业运行必需承担的基本责任。法律责任主要包括：

（1）所有运营活动都在法律框架内开展；

（2）遵守政府的各种政策；

（3）成为遵守法律的企业公民；

（4）认识到成功的公司是能够遵守法律的公司；

（5）提供至少达到法律要求的商品或服务。

3. 道德责任

企业应承担的第三层责任是道德责任，主要包括：

（1）使运营符合社会道德观念和伦理规范的期望；

（2）认识和尊重被社会所接受的新出现或新提出的道德规范；

（3）防止为了实现公司目标而使伦理规范做出妥协；

（4）企业公民应从事符合道德和伦理的事情；

（5）认识到企业的诚实和伦理行为不仅仅是对法律规范的遵守，更是对道德责任的承担。

4. 慈善责任

慈善责任是由企业自行裁决、自愿履行的责任，如慈善捐助、支持社区发展和帮助弱势群体等。慈善责任主要包括：

（1）使运营符合社会对企业开展慈善的期望；

（2）管理层和员工参加当地社区的志愿活动及慈善活动；

（3）资助社会发展所需要的一些事业；

（4）支持提高社区生活质量的项目等。

本章知识图谱

- 创业学习的基础
  - 一、创业准备基础
    - 创业精神：首创精神、成功欲、激情投入、冒险精神、高度理性、善于合作、事业心
    - 创业动机：精神动机、名利动机、责任动机
    - 创业能力：智力能力、联盟能力、价值独立判断能力、接受不确定性的能力、沟通和交往能力、创新能力、领导能力、问题解决能力、时间管理能力
  - 二、创业开展基础
    - 创业创新
      - 高质量的创业活动会自发催生对创新的需求
      - 有效的创新活动会更好助力创业目标的实现
      - 创业与创新间的交互影响会更好促进两者的融合
    - 创业类型：生存型创业、机会型创业、创新型创业、社会型创业、岗位型创业
    - 创业方法：把创业看作开展探索式的科学实验，在测试和验证中找到事实和真相
    - 创业阶段：创业的选择阶段、创业机会的确定阶段、创业项目的发展阶段、创业项目的认可阶段、创业项目的规模化发展阶段
  - 三、创业心智基础
    - 创业失败
      - 树立大成功小失败的理念，辩证看待创业失败与成功之间的关系
      - 深刻把握创业活动的特性，理性看待创业的高失败率
      - 掌握科学的创业方法，努力降低创业失败的成本
      - 用学习的心态看待失败，视创业失败为学习良机
    - 创业思维：创业思维的推理理论、创业思维的表现
    - 创业责任：经济责任、法律责任、道德责任、慈善责任

本章综合行动学习练习

请自我测试对本章创业学习 10 个方面的基础内容的掌握情况。

创业基础知识	你的定义	对创业的作用和影响
创业精神		
创业动机		
创业能力		
创业创新		
创业类型		
创业方法		
创业阶段		
创业失败		
创业思维		
创业责任		

第三章

创业者与创业团队

或许你要问：谁能成为创业者？回答是，那些想要在不确定性和模糊性峡谷中探寻的人，或者那些想要涉足令人激动的成功高地的人。但是我要告诫你，如果你还未经历过前者，请不要试着经历后者。

——一位创业者

本科生该不该创业取决于个案。微软、Facebook 和苹果的创始人大学都没有毕业。但创业过程是艰难的、创业道路是曲折的，创业者常常会遇到山穷水尽的时刻。所以，本科生想创业，家庭、学校、社会的支持、鼓励和支援，是非常重要的。在重重反对和压力下硬着头皮创业，往往会使人心力交瘁。

——徐小平

学习目标

1. 能表述出个人认为创业者在创业中最重要的三点作用。
2. 能表述出个人认为要成为创业者应该具备的三个特点。
3. 能自我盘点个人拥有的创业资源。
4. 能讲出与个体创业相比，团队创业的优缺点有哪些。
5. 能讲出个人对创业队友的选择标准是什么。
6. 能讲出个人对创业团队冲突的理解和应对策略。

本章重点

1. 创业者的特点和资源。
2. 优秀创业团队的特点。
3. 创业团队成员的评估。
4. 创业团队冲突的管理。

第一节　创业者

对所有创业者来说，永远要告诉自己一句话：从创业的第一天起，你每天要面对的是困难和失败，而不是成功。最困难的时候还没到，但那一天一定会到。困难是不能躲避的，也不能让别人替你去扛，任何困难都必须你自己去面对。

——一位创业者

一、创业者是创业的基石

创业者，主要指的是独立或联合开展创业活动的个体。在学习效果推理理论的时候，我们已经了解到创业者（你是谁？你知道什么？你认识谁？）是创业决策的出发点。创业者通过对自我的认识，基于拥有的资源和条件开始创业之旅。学习和了解创业者的特征，主要是让学习者在了解自我的基础上，通过对标来获得个人的成长目标和动力。

创业（E）是创业者（e）的函数，创业者造就了创业。在美国创业教育之父杰弗里·蒂蒙斯提出的创业模型中，创业是创业机会、创业资源和创业者（团队）三个核心要素的动态平衡发展的过程。其中创业者处于模型的基础核心地位，是整个模型建立、发展的基点。

拓展学习 1

蒂蒙斯创业过程模型

杰弗里·蒂蒙斯，创业教育之父，世界上第一位创业学博士，哈佛大学商学院工商管理硕士、工商管理博士。业界公认蒂蒙斯在推动创业学教育方面，比美国任何一个教育家所做的工作都要多。蒂蒙斯提出的创业过程模型（见图3-1）是一个经典的商业模型。创始人或工作团队在推进业务的过程中，在模糊和不确定的动态的创业环境中，必须要具有创造性地捕捉商机、整合资源和构建战略、解决问题的能力，要勤奋工作和富于牺牲精神。

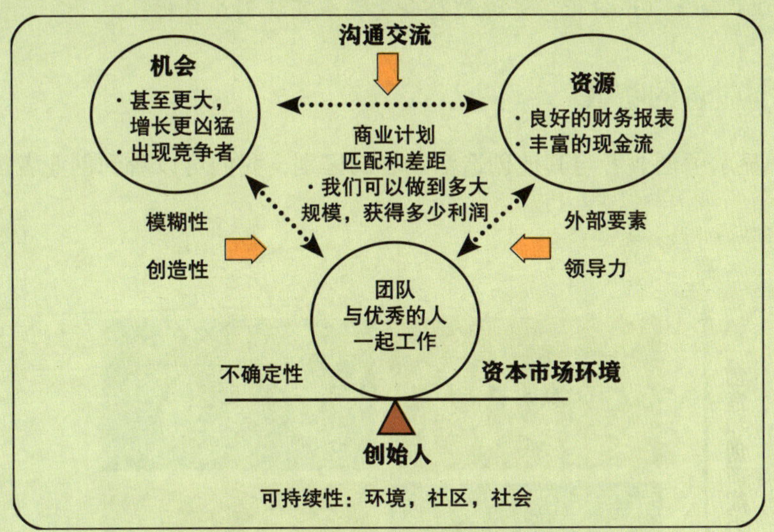

图 3-1　蒂蒙斯创业过程模型

蒂蒙斯创业过程模型具有以下含义。

第一，商业机会是创业过程的核心驱动力，创始人或工作团队是创业过程的主导者，资源是创业成功的必要保证。

创业过程始于创业机会，而不是钱、战略、网络、团队或商业计划。开始创业时，商业机会比资金、团队的才干和能力及适应的资源更重要。在创业过程中，资源与商机间经历着一个适应→差距→适应的动态过程。商业计划为创业者、商机和资源三个要素的质量和相互间匹配和平衡状态提供语言和规则。

第二，创业过程是商业机会、创业者和资源三个要素匹配和平衡的结果。

处于模型底部的创始人或工作团队要善于配置和平衡，借此推进创业过程。他们必须做的核心工作是：对商机的理性分析和把握，对风险的认识和规避，对资源的最合理利用和配置，对工作团队适应性的分析和认识。

第三，创业过程是一个连续不断地寻求平衡的行为组合。

在三个要素中绝对的平衡是不存在的，但企业要保持发展，必须追求一种动态的平衡。保持平衡的观念展望企业未来时，创业者必须思考的问题是：团队是否能领导公司未来的成长、资源是否适配；下一阶段要取得成功可能会面临的陷阱。这些问题在不同的阶段以不同的形式出现，影响到企业的可持续发展。

总之，蒂蒙斯创业模型认为，创业是一个复杂的过程，涉及创业者、商业机会和资源三个要素的相互作用。创业者是创业过程的核心，他们通过识别和利用创业机会来创造价值，并通过整合资源来实现创业目标。

二、创业者的特征

图 3–2 显示了创业者与其他创造活动者的区别，我们可以看到创业者需要具备更高的能力。

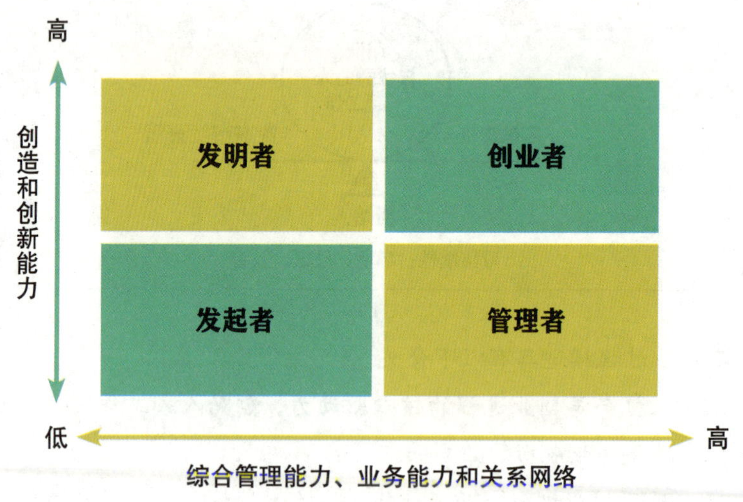

图 3–2 创业者的特征

创业者区别于一般人的特征表现为以下六个方面。

（1）创新。创新是创业精神的本质所在，创业者倾向于创造新的方法去迎接不同的挑战。

（2）成就导向。创业者是目标导向型的，他们自然地设定个人目标并确保成长以完成这些目标。

（3）独立。他们喜欢独立自主，喜欢通过高度的自我依赖、独立工作来完成他们的目标。

（4）掌控命运的意识。创业者倾向于把自己看作命运的掌控者，而不是环境的受害者，把消极的环境看作机会而不是威胁。

（5）对风险的厌恶程度低。创业者对风险有更多的包容性，并且在找到方法减轻风险方面更具有创造性。

（6）对不确定性的包容。创业者总是比其他人对动态变化且不是特别明确的情境更加适应。

成功的创业者背后都存在三个因素：对挑战和错误的积极回应、个人的主动性和毅力。同时我们需要承认，不存在完美的创业者个性。成功的创业者可以是爱社交的，也可以是低调的；可以是分析型的，也可以是直觉型的；可以是有魅力的，也可以是乏味的；可以是乐于放权的，也可以是热爱权力的……你所需要的是创业技能的学习能力和执行能力。

行动学习小任务 1

请描述发明者、创业者、发起者和管理者不同角色的特征，并举例说明。

角色	描述性特征	现实角色举例
发明者		
创业者		
发起者		
管理者		

任务完成价值

本任务的完成，可以帮助你对这四种不同角色进行区别理解，从而更能深刻体会到成为创业者的角色要求。

三、创业者的资源

创业者的资源是指创业者在创业过程中可以利用的有形与无形资产，是创业者自身拥有并掌握利用的一些资源。创业者的资源包括五大类：技能、技术、资产（知识、实物资产与金融资产）与成就、人际关系与声誉、优势（如内在优势）。

以上类别不以其重要性排序——其重要性在不同情况下有所不同，主要是为了使其英文首字母能够拼成STARS以方便记忆。在满足客户需求的过程中，你也在为你本人及你的业务创造新的资源。这些资源的重要性最终都会超过你一开始手头所有资源的重要性，但创业初始，我们需要将注意力集中在创业者此时所拥有的资源上。

1.技能

你的技能包括你通过学习、实践、公开展示与应用等方式习得或获取的能力。可以从以下六个方面举例。

（1）某专业的学士学位与实验室技能。

（2）某职业的资格认证。

（3）熟练使用一些专业的计算机软件。

（4）具有多种语言的交流能力。

（5）多年从事某个行业或领域的经验。

（6）曾经兼职担任某个工作角色。

2.技术

技术指的是你所获得的第一手知识与经验，既可以通过直接使用相关技术而获得，也可以因为研究或使用相关技术以协助工作而获得，或是因为与熟悉相关技术的其他人有过密切合作而获得。新的技术应该在你所拥有的技术与你的STARS中占据一席之地。值得注意的是，技术的变革速度在加快。可以从以下五个方面举例。

（1）你发明了某项技术。

（2）你创造了某个产品。

（3）你参与过一些重大项目或技术的研发。

（4）你获得了某些技术的使用权。

（5）你具备某些特有技术的使用条件和能力等。

3. 资产与成就

资产可以是知识或信息资产，也可以是实物资产或金融资产。资产可以包括以下三个方面。

（1）知识或信息资产。

（2）实物资产。

（3）金融资产。包括存款中可用于投资的部分、良好的还款记录等。无论金额大小，你因此而获得的良好信誉与可靠性可以让亲朋好友更加乐于借钱或是给你投资。

成就通过战胜挑战而获得，并在已有成就的基础上开始发展。如果你战胜过这些挑战，就一定能再次战胜它们。

4. 人际关系与声誉

人际关系包括以下四个方面。

（1）向你提供意见、帮助、资助或鼓励的家人、朋友与导师。

（2）同一领域内的潜在联合创始人、员工、客户或合作伙伴的同事或其他人。

（3）你的社交网络好友以及职场伙伴或校友联盟。

（4）忠诚亲密的配偶或伴侣，能够在你事业刚刚起步的时候从情感上、资金上或从两方面同时支持你（包括你的家庭）。

声誉即他人如何看待、认识或谈论你，他人对你的信任程度一般都和你的成就有关。你对待别人的态度是你的声誉好坏的决定性因素之一。

5. 优势

优势即拥有相对优于他人的创业基础和条件，是创业初期培育创业优势的关键支撑。优势是以上四种资源中具有领先他人的有形和无形资产。

行动学习小任务 2

请描述出各类资源在创业中的作用，并自评个人创业资源的拥有情况。

创业资源	资源的作用	个人拥有情况
技能		
技术		
资产与成就		
人际关系与声誉		
优势		

任务完成价值

本任务的完成，可以帮助你对个人已经拥有的创业资源进行全方位的盘点，为创业的出发选择找到支撑依据。

第二节 团队创业的选择

我最希望自己在创业时就能了解的事，是你周围的人会比你所想象的更能影响你的成功。看看你每天日常工作中和谁一起，和那些实干家一起工作会成就你的事业并且让你有自我提升，而和空谈家一块儿只会毁掉你。

——利奥·韦德里奇

一、团队创业的优点

创业团队是指以开创新企业或拓展新事业为目标，通过遵守共同认可的一套责权利机制，开展协同创造性活动的团队。团队成员主要是组织的创建者、核心员工和顾问。个人创业有许多吸引人的优点，例如可以对企业拥有完全的控制，不需要同其他人一起分享利润。一些小型的活动策划企业、艺术家工作室往往采用个人创业的形式。然而，考虑到当今商业的复杂性、全球化的影响和环境的快速改变，团队创业是更多创业者的选择。与个人相比，团队创业有以下五个显著的优点。

（1）分担创业初期巨大的工作量。

（2）如果有人退出，创业不至于半途而废。

（3）创业团队可以拥有多样化的技能和专长，减少对雇员的依赖。

（4）优秀的创业团队更有可能吸引投资人、贷款人和其他利益相关方。

（5）团队的多样化专长有助于提高决策的质量。

二、影响团队创业选择的因素

采取“单打独斗”式的传统个人创业模式的创业者越来越少，创业者更倾向于寻找有共同目标的合伙人打造创业团队。影响创业者是否选择团队式创业的因素有以下三个方面。

（1）来自创业者的个人所需。创业者因个人的精力、能力、资源有限以及对创业风险分担的追求等个人原因，会倾向选择团队式创业。

（2）来自创业项目的发展所需。随着创业项目的发展，其在规模程度、规范性要求、专业性要求以及新业务的拓展等方面催生对创业者更高更多的要求与需求，创业者除了需要提升自身能力外，还需要通过吸纳新的团队成员来应对。

（3）来自外部环境的影响。创业活动范围的扩大、业务关联成员的增多、法律法规的调整、同行竞争对手的发展等外部环境因素会影响创业团队人员结构的调整。

三、优秀创业团队的特点

（1）团队要能干。不仅集体勤奋好学，成员还要有独当一面的能力，精通各自业务。

（2）团队要互补。侧重于团队其他成员与创业领导人之间的互补性，即其他成员要起到辅佐帮衬的作用，从而把创业领导人从繁杂的事务中逐渐解放出来。

（3）团队要团结。团队的状态是阶段性的，当下的团队团结并不代表未来也如此。但创业团队成员之间交集越多，越深入，后续的合作稳定性就越好；创业团队成员职业素养越高，因感性而产生矛盾的可能性就越小。

（4）团队要有主心骨。在中国目前的创业情境下，越在创业初期越需要强有力的核心创业领袖。强有力的领导核心，是创业初期能带领全体员工冲锋陷阵的保证。当然，强有力并不是源于严苛的管理手段，而是源于卓越的领导力和个人的人格魅力。

（5）团队要有清晰的愿景。愿景不是空洞的梦想，而是清晰明确的目标，并且能得到创业团队成员发自内心的认可。精明的投资人会在聊到创业愿景的时候，通过创业团队成员的眼神去判断他们是否目标清晰。

行动学习小任务 3

请访谈一位（多位）正在进行团队创业的创业者，了解其个人对团队（合伙）创业前后认识的变化。

团队创业前的认识	团队创业后的认识	采访者的访谈体会

任务完成价值

通过本任务的完成，可以对他人在经历团队创业前后的体会认识进行了解，从而帮助自己感同身受地体味其中的滋味。

第三节 创业团队的成员

创业之初，无法给大家像样的待遇，设备又差，也没有什么得意的技术。在这样一种条件下，要让大家一起去拼命地干活，必须以创业时的“血盟”精神作为企业经营的基础。

——一位创业者

一、创业团队成员的角色

初创团队的人数很少，但必要的分工却不能缺少。创业团队组建时，需根据团队类型及结构物色成员，实行分工协作。一个协作团队只有具备了人数适当、作用平衡的团队角色，才能充分发挥高效协作的优势。创业团队的角色通常有九种类型，其角色描述及其允许（不允许）存在的缺点见表 3-1。在组建创业团队的时候，要根据成员自身的优劣势来分配成员的权限和定位，从而实现人尽其才。九种角色不是意味着必须由不同的九个人来承担，而是告诉大家在实际的创业中，如果一个创业团队中有这样的工作角色存在，可以为创业的成功提供更好的角色保证。

表 3-1　九种团队角色描述及其允许（不允许）存在的缺点

角色	角色描述	允许存在的缺点	不允许存在的缺点
创新者	解决难题，富有创造力和想象力，不墨守成规	过度专注思想而忽视现实	当与他人合作会更加有效果时，不愿与他人交流思想
资源探索者	外向、热情、健谈，挖掘机会，增进联系	热情很快冷却	不遵循安排而令用户失望
推进者	有着明确的目标、高度的工作热情和成就感，通常是行动的发起者，也是高效的管理者	做事急躁	没有条理，缺乏激情
协调者	成熟、自信，是称职的主事人，阐明目标，促使决策的制订，分工合理	如果发现其他人可完成工作，就不愿亲力亲为	完全信赖团队的努力
完美者	激发热情，充满活力，在压力下成长，有克服困难的动力和勇气	易沮丧与动怒	无法以幽默或礼貌的方式平息局面
监控者	冷静、有战略眼光与识别力，对选择进行比较并做出正确选择	有理性的怀疑	失去理性，讽刺一切
凝聚者	协作的、温和的、感觉敏锐的、老练的、建设性的，善于倾听，防止摩擦，平息争端	面对重大事件优柔寡断	逃避承担责任
贯彻者	纪律性强、值得信赖、有保守倾向、办事高效、把想法变为实际行动	坚守教条，相信经验	阻止变化
完成者	勤勤恳恳、尽职尽责、积极投入，找出差错与遗漏，准时完成任务	完美主义	行为过于执着

二、创业团队成员的招募

创业团队的管理核心是人的管理，在建设团队时首先要做好队员的招募工作。对于创业领导者来说，一要有自己吸纳队员的原则，以符合自己的创业意图；二要了解自己，评估自己，以便更好地与他人合作共事；三要懂得评估他人，以更好地识人用人。

1.招募成员的原则

招募成员要坚持团队成员的互补性与相似性相结合的原则。选择优秀的创业伙伴并培养良好的工作关系是一项复杂的工作，需要大量的努力。

（1）互补性。选择那些跟自己有差异的人，以便队友提供自己所缺少的知识、技术和能力。

（2）相似性。选择那些与自己有很大相似之处的队友。人们往往愿意同在许多方面与自己具有相似性的人交往，觉得相互之间更加了解，而且更容易对彼此未来的反应和行为做出预测，从而更容易选择他们作为自己的合作伙伴，正所谓志同道合。

因为创业团队中宽泛的知识、技术和经验有利于新企业的发展，所以在选择合作伙伴时要注重互补性和相似性的平衡。在知识、技能和经验方面主要关注互补性；在个人特征和动机方面主要关注相似性。

2.创业者自我评估

无论是学习如何与人相处共事，还是寻找心仪的创业伙伴，创业者首先要做好自我了解和评估。只有完全了解自己，才能更好地去理解和认识他人。创业者的自我评估主要考查以下五个方面。

（1）知识基础。创业者所接受的教育以及经验可以表明创业者知道什么和不知道什么，以及需要从其他人，包括潜在的合作者那里获得什么。

（2）专门技能。每个人都有一系列独特的完成某些任务的能力，创业者应当去理解和列举出自身技能，并将其作为创建新企业的初始步骤。

（3）动机。思考创业动机有利于研判创业者和那些潜在合作者之间的动机差异，防止埋下隐患。

（4）承诺。承诺是指完成事情——即使逆境中也继续前进——以及实现与新企业相关的个人目标的意愿。

（5）个人特质。创业者要了解自身在责任感、外倾性、友好性、情绪稳定性、经历开放性这五大关键维度上处于什么位置。

通过对知识基础、专门技能、动机、承诺和个人特质这五个方面的自我了解，创业者一方面可以明白自身的优缺点，制订自己的提升和改变计划；另一方面也为自己寻找所需的互补资源指明方向。

拓展学习 2

高效能人士的 12 种积极人格特质

1. 能干

我还没有见过任何一个高效能的、乐观的、成功的人，不具备“能干”的特质。他们很认真地对待自己的生活和工作。他们做事很有目标。更重要的是，他们知道自己在做什么。

2. 好奇

这曾经是我最大的缺点，曾经我对任何事都主观猜测。有一次我的合伙人，就直接对我说：“不要什么事都靠猜，你要做的是去证实。”高效的人，从不主观臆测，他们会问很多问题，直到弄明白为止。所以保持好奇，多问问题。

3. 自信

人们总是认为你需要友善，这当然是个好的待人接物之道，但是你也不必对所有人所有事都友善。高效能人士很注重他们自己的感受，但也不会牺牲别人的感受。这就是自信。

4. 宽容

总是怨恨或埋怨是最不值得做的事。很多人因为总是埋怨导致关系破裂，失去朋友。他们总是说：“他们怎么能这么对我！”哈哈，也许其他人也不知道这是为什么，人们总会干点蠢事。

5. 独立

高效能人士不会轻易受他人的影响。他们会听别人的观点，但他们更多的时候会独立思考，他们很少会因为外界的事件而动摇自己的立场。

6. 尊重他人

我们知道很多键盘侠，每天杠精附体，动不动就反驳你。生活中也有很多人，通过让别人出丑，来寻找自己的优越感。高效能人士从来不这样做，他们也有不喜欢的人或事，但他们不会与其争辩，而是保持距离、保持尊重。

7. 诚信

当你经常说谎时（无论多小的谎言），你最终都会被自己织的网捕获。也许你会说我太古板，但我相信谎言最终会把你困住。所以，最好说真话，哪怕真话不太好听，但至少不是谎言。

8.精准

你很难用几句话，就把一件事描述清楚，因为“精准”很难，所以你更需要经常思考，并且下功夫去实践。这就是为什么你会经常看到，有人滔滔不绝，因为他们不知道自己要说什么，所以他们采用霰弹枪方式，不断地喷射词语和短句，希望有一些能命中目标。但精准的人，就像是狙击手，他们的每句话、每个行动，都为目的服务。

9.公平

有人说世界上根本没有公平，这种人通常也不会平等地对待他人。公平的一个标准就是，有什么说什么，不拐弯抹角。只用一种方式，去对待任何人。这是我们能做到的最公平的事。当然，这可能看起来很难，也和你的自然天性中的某些理念相悖。但高效能人士就是能做到别人做不到的事情。

10.适应

生活是复杂多变的，想要生存和发展，必须学会适应。因此高效能的人总是有很强的适应能力。如果你告诉他们有一个新的方法，比旧的方法效率更高，他们就会去尝试使用新的方法。他们不会拘泥于旧的思想，他们看重的是完成任务。

11.自我觉知

当你清楚地知道自己的能力边界，知道哪些你会做，哪些你不会做的时候，你的生活就会变得很轻松。很多时候，我们不知道自己是谁。但想要成为高效能人士，你就必须知道你是谁，你具备哪些能力。如果你有弱点或者错误，自我觉知能够让你对自己有清醒的认识。缺点并不是问题，事实上，你如果没有缺点，那你可能是个机器人。

12.乐观

你给高效能的人一个挑战，他们会思考出解决方案；你告诉他们前景黯淡，他们会找到需要感恩的人或事。相反，悲观是人们最常陷入的状态，悲观的人经常会抱怨：“我做不到。”但是，他们可能只是缺少一点勇气说：“我们试试解决它。”

你的个性不是一成不变的，你可能已经有了一些很难改变的天性，但是只要有正确的思想，你可以养成以上 12 种中的任何一个特质。

3. 团队成员的评估

团队成员的评估包括以下六个方面的内容。

（1）知识评估。具有较高受教育程度的初始合伙人往往具备重要的知识技能，能在研究能力、洞察力、创造力和先进技术掌握等方面表现略胜一筹，尤其是在专业特征较强的行业领域的创业项目中表现更为突出。

（2）经历评估。具有创业经历的初始合伙人团队，无论曾经取得过成功还是失败，都可以成为新创企业成功经营的有利因素，甚至成为独一无二的优势。

（3）经验评估。初始合伙人团队所拥有的相关产业经验，有利于创业者更加敏捷地理解相关产业的发展趋势，可以更加迅速地开拓市场和开发新产品。

（4）关系评估。具有广泛社交网络关系的初始合伙人团队往往更容易获得额外的技能、资金和消费者认同。

（5）能力评估。基于团队工作角色和后续发展的需要，有针对性地进行相关素养、工作能力、专业能力和业务能力等方面的了解和评估。

（6）资信评估。资信评估即资质和信誉评估。没有可信的资质，潜在的消费者、投资者和员工很难认同新创企业会有高质量的发展。优秀的资信评估结果会增大外界对新创企业成功的预期。

行动学习小任务 4

请访谈至少五位有创业兴趣的同学，了解他们对选择创业团队成员的意向性要求和标准，并总结提炼。

访谈对象：

对团队成员的关注点：

出现频率最高的三个关注点：

1.

2.

3.

续表

用这三个关注点进行自我对照： 1. 2. 3.

任务完成价值

本任务的完成，可以帮助你对创业团队成员的不同角色进行区别理解，从而更深刻体会到对创业者的角色要求。

第四节　创业团队的管理

我觉得我天生拥有信任他人的能力。有时候“轻信”也许会带来损失，但我总会告诉自己：我自己人生的树枝上，挂满了因为信任滋长的甜美果实。少数苦果难掩满园丰硕——在人际关系中，信任就像春风，只要你浩荡地吹拂，定能够化开千年冰封，催开万紫千红。

——徐小平

一、创业团队的磨合

有研究得出这样的结论：工作群体绩效主要依赖于成员的个人贡献，而团队绩效则基于每一个团队成员的不同角色和能力而尽力产生的乘数效应。虽然作为个体的创业团队成员可能具有不同的特质，但他们相互配合、相互帮助，通过坦诚的意见沟通形成了团队协作的行为风格，能够共同地对拟创建的新企业负责，具有一定的凝聚力。与此相对应的是，创业的失败与团队有很大关系。全球著名的研究机构CB Insights通过对初创型和成长型企业的研究发现，早期企业失败的主要原因有三项：一是没有市场需求，二是现金流断裂，三是团队管理问题。

创业团队在磨合的过程中，团队成员间的合作力量和冲突力量之间平衡的结果决定了团队的发展走向。

创业团队的磨合过程会出现以下三种可能的结果。

1. 求同存异，合作强化

创业团队成员相互之间较为了解，合作力量大于冲突力量，团队资源和团队力量得以整合，团队合作的意愿较为强烈，形成团队合作的企业文化。

2. 存在隐患，相对平衡

团队合作力量和意愿与冲突和矛盾的力量能够相对平衡，相互牵制，维持相对稳定。团队在发展过程中，一方面可能面临矛盾进一步激化、内耗增加、平衡难以维持等问题；另一方面也可能通过合作的有效强化，弱化或离散了冲突的影响力，使得团队整体向更具有共识性的方向发展。

3. 逐渐离散，面临解散

团队成员经历一段时间的磨合后，仍很难形成共同点，团队文化无法建成，团队消除矛盾和冲突的力量与意愿不足，团队面临解散的风险。

二、创业团队的行动原则

创业团队一般会有以下七个行动原则。

1. 以创业机会为线索

如果创业机会所蕴含的不确定性较高，价值创造潜力较大，往往意味着创业过程中面临的任务也就较复杂，较具有挑战性。此时，理性地组建创业团队可能会更好地应对创业过程中的复杂任务，有助于创业成功。例如，在高技术领域，大部分创业者都在依据理性逻辑来组建创业团队，强调团队成员之间在技术、营销、财务等职能经验领域的互补性。而如果创业机会所蕴含的不确定性较低，价值创造潜力一般，创业团队成员之间的齐心协力和信任感就更加关键。

2. 以凝聚力为核心

创业团队中每个成员都是紧密相关、不可分割的，企业的成功既是每位成员共同努力的目标，同时也能使成员从中获取精神上和物质上的收益。优秀创业团队中的每位成员都会认为单纯依靠个人的力量不可能单独成功，任何个人离开企业的整体利益都不能单独获益。同样，任何个人的损失也将损害整个企业的利益，从而影响每个成员的利益。

3.以合作精神为纽带

具有成长潜力的企业最显著的特点就是创业团队拥有整体协同合作能力，而不仅仅是培养一两个杰出人物。优秀的创业团队注重相互配合以减轻他人的工作负担从而提高整体的效率。他们注重在创业团队的成员中树立榜样模范，并通过奖励制度激励员工。

4.以完整性为基础

任务的完成必须建立在保证工作质量、员工健康或其他相关利益不被侵犯的前提下。因此，做决策时应综合考虑顾客、公司利益以及价值创造，而不能以纯粹的功利主义为依据，或是狭隘地从个人或部门需求的角度来衡量得失。

5.以长远目标为导向

新企业的兴衰存亡取决于其团队的敬业精神。一支敬业的团队，其成员会朝着企业的长远目标努力，而不会指望一夜暴富。他们将在长远目标的指引下不断奋斗直到取得最后的胜利。没有一家企业能够靠今天进入明天退出的方式在短期内获得意外之财。

6.以价值创造为动力

创业团队成员都致力于价值创造，即努力把蛋糕做大，从而使所有人都能获利，包括为客户提供更多的价值，帮助供应商、合作商和投资人获得更大收益。对于创业团队的成员而言，企业最终获得的收益才是衡量成功程度的标准，而非他们个人的薪水、办公室条件或生活待遇等。

7.以公正性为准绳

成功的创业者会关注共同分享收获、对队员的奖励以及收益权的设计，把这些与个人在一段时间内的贡献、工作业绩和工作成果相挂钩。针对意外和不公平情况的出现，随时做相应的增减调整。

三、创业团队的冲突管理

冲突的发生是团队内外部某些关系不协调的结果，表现为冲突行为主体之间的矛盾，即计划和行为对抗。优秀的团队知道如何进行冲突管理，从而使冲突对组织绩效的改善产生积极贡献。在无效或低效的创业团队中，团队成员在一起总是极力避免冲突的形成，默认或者允许冲突对团队有效性和组织绩效的提高形成消极的影响。团队内的冲突可以分为认知冲突和情感冲突两类。

认知冲突是指团队成员对创业过程中出现的有关问题的意见、观点和看法所形成的不一致性。认知冲突论事不论人。当团队成员分析、比较和协调所有不同的意见或看法时，认知冲突就会发生。这一过程对于团队形成高质量的方案起着关键性作用，而且，关于认知冲突的团队方案也容易被团队成员所理解和接受。认知冲突有助于提升团队的有效性。

情感冲突是指冲突成员间将论事不论人升级为论人不论事从而引起的带有个人主观偏见或情绪的冲突。

两者相比较而言，认知冲突出现的概率较大，但有些冲突若利用得好对团队能起到促进良性发展的作用。而情感冲突往往降低决策质量，破坏对成功执行决策的理解，甚至导致团队成员不愿意履行义务的情况发生，进而导致团队绩效下降。认知冲突与情感冲突的管理策略见表 3–2。

表 3–2 认知冲突与情感冲突的管理策略

类别	认知冲突	情感冲突
对待态度	平常心对待，视为正常问题	早发现早协调早解决
事先管理	倡导开放、平等的协商文化	倡导公司整体价值最大化的理念
价值利用	通过冲突的解决提升团队工作质量	通过冲突的解决提升团队凝聚力，给人以启发
事后管理	及时复盘和反馈冲突解决的成效	观察冲突双方后续的表现，确认解决效果

拓展学习 3

像指挥爵士乐队那样管理团队

爵士乐队完美概括了初创团队的理想合作模式。爵士乐合奏强调将个体的精湛技艺、即兴表演和充沛活力融为一体，所以无论每位成员演奏什么乐器，都需要具备风险承受能力。每位演奏者都是团队的一员，通过一个接一个的音符彼此亲密对话。同时，每位成员又需要脱颖而出，一边根据其他成员的提示为团队做出新贡献，一边发挥个体力量。没有齐心协力的合作，就不会有音乐。演奏时没有老板，只有一位指挥者，他能发挥每位成员的最大潜能以达到完美和谐。每位演奏者都知道自己的独奏必须契合整体背景，但又可以在此基础上自由地即兴创作一个主题。他们向未知张开双臂，但不放弃共同的愿景。

与爵士乐队一样，初创公司的领导者负责制订一系列连续性的策略和优先事项，同时又让每位团队成员自由发挥创造力和生产力。你需要做对员工干涉最少的经理人，因为他知道自己的工作就是帮员工充分发挥创造力和生产力，而不是为当老板而当老板。毕竟，员工不只是生产工具，他们也是创造者。领导者应该为创造者服务，为他们的发展提供良好的环境。

在充满风险的行业里，太多自我、太多无视歌曲整体旋律的独奏者对乐队而言是一种负担。帮助整个乐队倾情演出，那就是你的工作。

行动学习小任务 5

请再次访谈前期访谈过的创业者，了解他们对创业团队冲突的认识以及处理冲突的经验和反思。

访谈对象：

冲突描述：

处理经验与反思：

任务完成价值

本任务的完成，可以帮助你快速学习他人处理创业冲突的经验，从而提高自己面对创业冲突的信心。

本章知识图谱

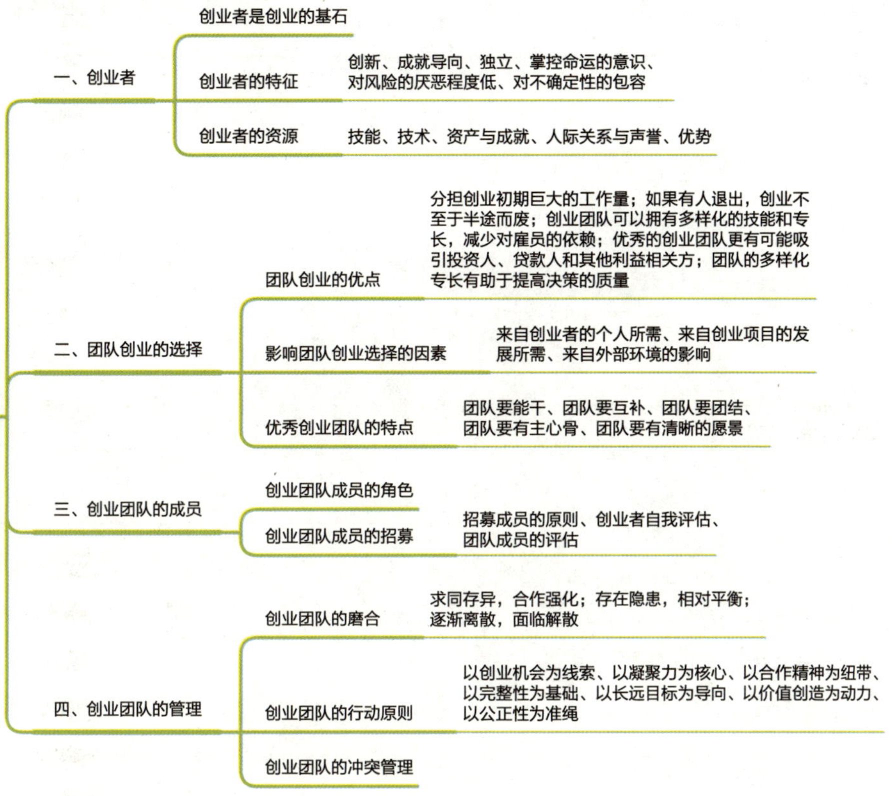
创业者与创业团队
一、创业者
创业者是创业的基石
创业者的特征
创新、成就导向、独立、掌控命运的意识、对风险的厌恶程度低、对不确定性的包容
创业者的资源
技能、技术、资产与成就、人际关系与声誉、优势
二、团队创业的选择
团队创业的优点
分担创业初期巨大的工作量；如果有人退出，创业不至于半途而废；创业团队可以拥有多样化的技能和专长，减少对雇员的依赖；优秀的创业团队更有可能吸引投资人、贷款人和其他利益相关方；团队的多样化专长有助于提高决策的质量
影响团队创业选择的因素
来自创业者的个人所需、来自创业项目的发展所需、来自外部环境的影响
优秀创业团队的特点
团队要能干、团队要互补、团队要团结、团队要有主心骨、团队要有清晰的愿景
三、创业团队的成员
创业团队成员的角色
创业团队成员的招募
招募成员的原则、创业者自我评估、团队成员的评估
四、创业团队的管理
创业团队的磨合
求同存异，合作强化；存在隐患，相对平衡；逐渐离散，面临解散
创业团队的行动原则
以创业机会为线索、以凝聚力为核心、以合作精神为纽带、以完整性为基础、以长远目标为导向、以价值创造为动力、以公正性为准绳
创业团队的冲突管理

本章综合行动学习练习

把本课程的学习过程比作一次真实的创业过程，请利用本章所学做好创业团队的建设规划。

团队名称：

队长：

组员：

团队学习成绩目标：

角色与分工：

成员合作规则：

矛盾与冲突的处理：

队员个人承诺：

第四章

创业机会与创业问题

能让地球为之震撼、让世界为之改变的想法并不足为奇。其实，这样的想法司空见惯，多如牛毛。

——蒂姆 · 菲利斯

没有问题，就没有机会。没人会掏钱让你解决不是问题的问题。

——维诺德 · 科斯拉

学习目标

1. 能表述自己对创业机会内涵的理解。
2. 能讲出三点创业机会对创业的影响。
3. 能讲出大学生的创业机会来源有哪些。
4. 能熟练利用创业机会问题探索画布工具进行问题探索和分析。
5. 能深刻理解机会问题与创业问题之间的联系与区别。
6. 能对创业问题对应的创业机会进行综合评估和选择。

本章重点

1. 大学生创业的机会来源。
2. 创业机会问题的探索。
3. 创业问题的描述与选择。
4. 创业机会的评估与选择。

第一节　创业机会

顾客想要的不是四分之一英寸的钻头，而是四分之一英寸的洞。

——西奥多·列维特

一、创业机会与创业

创业机会是指有吸引力的、较为持久的和适时的一种商务活动的空间，是一种满足未满足的有效需求的可能性。它最终表现在能够为消费者或客户创造价值或增加价值的产品或服务中。创业是创业者识别、评价和开发利用机会的过程。创业者在成功识别到机会以后就要对机会进行开发，并应对机会开发过程中出现的各种不确定性因素。

创业活动离不开机会，创业活动包含了机会识别和机会开发利用两大部分。识别机会是创业者启动创业活动并创造价值的前提。机会是创业的核心要素，创业离不开机会。机会是一种隐含的状态或情形，感知到机会会产生创意，但并不是所有的创意都适合创业而成为创业机会，不同的创业机会价值也不同。而且同样的机会，不同的人看到的会有所不同，让不同的创业者来开发，效果也会不同。

真正可以商业化利用的创业机会具有以下六个基本特征。

（1）为顾客或最终用户创造或提供显著价值。

（2）在市场上解决了真正的问题，消除了某种痛苦。

（3）对于该产品或服务的需求是普遍的，顾客迫切需要解决问题并愿意为此买单。

（4）具有较高的市场需求和利润率，以及被企业家证明的盈利性。

（5）创始人和管理团队具有与机会相对应的经验。

（6）具有一定的持久性。

找到多个创业机会对创业者来说很重要，因为创业机会各不相同。有些具有较大的发展潜力，有些则具有较小的竞争力，而有些机会指向的市场是应该避免进入的，因为进入这类市场难度大、成本高。因此，找到可以开发利用的高潜力创业机会对你来说是真正意义上的优势，它可以提供“肥沃的土壤”来发展你的企业，让你从发明创造中获取最大的价值。不要将时间浪费在劣质的机会上。一定要三思而后行！

二、创业机会的来源

（一）一般创业机会的来源

创业机会的发现有不同的来源。

第一种是社会变迁创造的机会。比如社会经济结构的变革可以带来消费喜好偏爱的转变、社会产业结构的变革可以催生新的消费需求、技术的变革可以改变需求满足的方式、政策和管制环境的变革可以改变创业的环境和条件等。

第二种是对市场中存在的缺口的发现和捕捉。比如市场供与需的不匹配、特定人群的需求被忽视、产品的跨界流动需求等，都会使市场存在缺口，从而产生创业机会。

第三种是发现社会中未被解决的问题或未被有效解决的问题。问题的存在往往引发需求的产生，当需求量足够大时，机会窗口便打开了。对于大学生来说，对能产生创业机会的问题的发现或预判，是产生高质量的创业意愿和想法的主要方式。

拓展学习 1

“现代管理学之父”德鲁克：90%的创新来源于这七个机遇

创新机遇来源一：意外事件

意外事件能冲击人的固有观念，因此是创新很大的源泉。这一来源是所有创新机遇中最容易获得和可预测的，而且所需的创新时间最短。

要把握这一创新来源，先要解决一个问题——如何对待意外事件？

通常，意外事件并不会引起管理者注意，往往被当作“难以持续”的事情，甚至是威胁，因为它们让管理者感到“失控”。因此，首先要改变的就是态度。面对意外事件，要让有目的的分析和调查代替一竿子的“贴标签”，比如顾客都是不理性之类。需要跳出框架看问题，没有事情是“理所应当”的，要分析事件发生背后的原因。当然，将意外事件纳入报告体系，是管理层获得该类信息的必要途径。

对于意外的成功，德鲁克提供了几个供管理者加以讨论的问题：如果我们对它加以利用，它对我们会有什么意义？它会带领我们走向何方？我们要如何做才能将它转换成机会？我们如何着手进行？

至于意外的失败，特别是经过精心设计和执行后仍然失败，常常预示着根本的变化，以及随之而来的机遇。管理者可以问：现实中是否发生了某些事情，让我们对消费者行为的假设不再成立？

需要注意的是，若想发现意外事件带来的机遇，仅停留在研究和分析上是不够的。更有效的方法是做调查，走进人群，观察用户，了解他们的期望、价值观和需求。因为有效的分析，需要建立在对事物正确认知的基础上，即先回答“是什么”。

创新机遇来源二：不协调的事件

不协调的状况往往是“感受”出来的，而不是分析出来的。也因此，这一创新来源具有较高的可检验性。

第一种是经济现状之间的不协调。表现往往是在需求增长的情况下，产业却普遍赚不到钱。比如，综合医院面对患者日益增长的需求，管理费用却高昂，这给民营专科医院的产生提供了创新机遇。

第二种是现实与假设之间的不协调。表现多为产业参与者努力工作，但不仅没能使情况好转，反而使其更加恶化。这说明，努力的方向很可能搞错了。比如早晚高峰时段打车难，于是“滴滴”通过奖励、招募司机等扩大运力，却让打车似乎变得更难。问题可能在于，“滴滴”以为是运力的问题，其实是交通、接送效率的问题，更好的办法是将早晚高峰的派单逻辑从应答率改为就近原则。

第三种是认知与实际的客户价值和期望之间的不协调。你以为用户要的是钻头，其实他要的是钻孔。

第四种是程序的节奏或逻辑存在内部不协调。这种不协调，往往是产品的使用者或产业内部的人更容易意识到，因此调研非常重要。

创新机遇来源三：程序需要

程序的需要，与其他创新来源不同，它并不始于环境内部或外部的某一事件，而是始于有待完成的某项工作，往往通过发现程序中的不协调来获得，或者是对人口统计数据的研究等。

基于程序需要的创新，是一种系统上的创新，通常有两种方式——改善现有程序的“薄弱环节”，比如以前眼科医生在做手术时，需要切到眼角的一根韧带，容易造成出血，而爱尔康提供了一种可以直接溶解韧带的酶，得到了普遍采用；或者补上“欠缺环节”使得某个程序成为可能，比如生鲜电商，因为冷链而使配送成为可能。

在这里，“项目研究”较为重要，即要能够界定清楚潜在的程序需要具体是什么，以及需要怎样的新知识。但要特别注意的是，解决方案必须符合用户的习惯和价值观，否则可能难以被采用。比如当前一些试图“替代”医生做决定的人工智能方案，往往会被医生排斥，因为医生以自身经验为自豪。反而是对医生能力进行“增强”而非“替代”的应用，会更有市场。

创新机遇来源四：产业和市场结构变化

产业和市场结构似乎非常稳定，其实并非如此。当产业结构变化时，传统定义市场的方式将变得过时，这就是创新者的机会。面对产业结构发生变化，每个人需要重新问这样的问题：我们的业务是什么？

对于产业结构的变化，业外人士往往更敏锐。当某项产业增长速度明显高于经济或人口的增速，特别是当一段时间内这种增长翻了一番时，可以预测结构将会发生重大变化。

多项独立的科技被整合在一起，也可能导致产业结构突然变化，比如5G+AI+云，可能使得手机可以承载更多应用，而不需要更高的配置；还有产业的运营方式正在发生迅速改变，也会带来产业结构的改变，比如医生多点执业之下，产生的医生集团。

创新机遇来源五：人口统计数据

人口统计数据包含的维度通常有人口规模、年龄结构、人口组合、就业情况、受教育状况及收入情况等。人口统计数据对于顾客群、喜好、购买力等都有重大参考。

人口变化看似是“长期”的变化，但其实不然。好比欧洲的移民潮，经过30年就让美国的乡村发展为国际化大都市。在当前时代，关于人口的一个基本假设应该是，人口本身就是不稳定的，而且随时都会发生突变，比如美国20世纪60年代的“婴儿潮”，毫无征兆。

现在的商业健康险，就是建立在人口统计的数据上，判断随着我国老龄化加剧，医疗费用仅靠基本医疗保险难以承受。再比如对人工晶状体机会的判断，是建立在白内障人群持续增长导致手术量增加之上。

创新机遇来源六：认知的变化

事实本身没有变，但认知变了，意义就变了。例如曾经青霉素被认为是一种细菌，只是一种物质，但当被发现可以作为抗生素时，它变成了资源。认知的变化其实非常具体，可以被界定、被检验、被利用。比如小米手机打出的slogan是“为发烧而生”，印制的粉丝服写的是“屌丝”。这其实也是小米敏锐捕捉到了新一代年轻人的认知变化，“屌丝”不再是贬义词，而是戏谑性的极客的代名词。

如果要利用认知变化进行创新，需要特别关注时机。在认知确实发生变化的前提下，需要及早占领用户心智，如果太晚，市场将拱手让人。

创新机遇来源七：新知识

知识创新的一个特点是，几乎从不基于一个要素。单个知识往往谈不上创新，但将多种不同知识融合，可能创造出大的机遇。比如计算机的产生，便属于知识创新。

但知识创新的限制也很多，其中之一是时间跨度长。根据规律，知识变成可应用的技术，进而开始被市场接受，所需要的时间为25~35年。更何况，基于知识的创新，需要所有必需的知识齐备，此外，基于知识的创新还面临市场的不可预测性。

知识类创新，属于高风险、高回报的创新。不过，通过把新知识与创新机遇的其他来源相结合，比如程序需要，知识创新风险是可以降低的。其实就是给基于新知识的创新寻找落地场景。

紧贴具体需求的创新，才能降低风险。比如当前火热的5G概念，是前沿的新技术，据创业邦采访的投资人预测，尽管5G正在加速推进，但从提出到应用的成熟，可能至少需要十年的时间。但创新者仍可寻找落地场景，比如结合医疗行业中的实际痛点，将5G作为远程医疗解决方案中的工具，可以提高市场的可预测性。

基于知识的创新，最大的威胁是所在领域变为大众市场，这将导致大量的竞争。也因此，该类创新的窗口期很短，要求一击即中。仅占领概念和建立标准并不够，还需要占领该领域。创新者最好能亲自参与终端市场，这样能够确认创新在市场中的渗透情况，以及有效遏制潜在竞争者的进入。比如杜邦公司研发出尼龙纤维的同时，帮助发展尼龙袜等下游产业。

（二）大学生创业机会的来源

法国雕塑大师奥古斯特·罗丹曾说："生活中不是没有美，而是缺少发现美的眼睛。"同样的道理，生活中从来就不缺少问题和机会，缺少的是发现问题和机会的敏锐眼光和探索精神。机会不会主动来敲你的大门，生活中有大把的机会等待人们主动去发现。

大学生创业机会的来源主要包括以下六个方面。

（1）实践和工作经历：创业机会来自个人经历过的社会实践或兼职等。在与社会实岗的互动中，利用自己的调研、观察、思考发现潜在的创业机会。

（2）生活经历：创业机会来自个人、家庭及身边朋友的生活经历。通过对个人经历的感悟或他人经历的探索发现潜在的创业机会。

（3）专业学习的兴趣：创业机会来自个人的学习爱好和兴趣。通过兴趣指引下的积累式探索学习获得开发创业机会的能力。

（4）人际网络：创业机会来自个人社交网络和人脉关系。通过在社交活动中获得创业的信息和创业的支持，从而获得创业领域的引导。

（5）网络资源：创业机会来自网络信息和人们在网络中的学习。通过个人对网络信息的学习和分析利用，以及对在互联网中表现出的行为偏好的观察来识别创业机会。

（6）创意：创业机会来自个人的创造发明或创新性想法。通过个人技术、产品的创新或天马行空式的想象获得创业机会。

第二节　创业机会问题的发现

提出一个问题往往比解决一个问题更重要。

——爱因斯坦

一、创业机会问题

无论什么类型的创业活动，发现问题是寻找创业机会的第一步。研究成功的创业案例发现，毫无例外，这些企业都解决了用户的问题。因此，寻找问题是发现创业机会的第一步（见图 4–1）。我们的日常生活、工作和学习中都存在很多问题，从发现问题来寻找创业机会也是国际创业教育和创业实践的最新趋势。一言以蔽之，寻找问题就是寻找创业机会。

图 4–1　寻找问题是发现创业机会的第一步

我们会有一种错觉：发现问题和确定创业机会好像是灵光一闪就得来的。其实创业从一开始就需要耐心，并不是一旦发现问题就找到了创业机会。从发现问题、描述问题、澄清问题、问题评估、需求评估到机会类型评估，是一个复杂而漫长的过程。这个过程即使对一个有丰富创业经验的人来说，可能也需要几个月甚至几年的时间。其间会有很多次反反复复的评估和修改。对于大学生和没有经验的年轻人，踏踏实实、一步一步地学习和反复练习是非常必要的。从发现问题到创业机会识别的基本流程如图 4–2 所示。

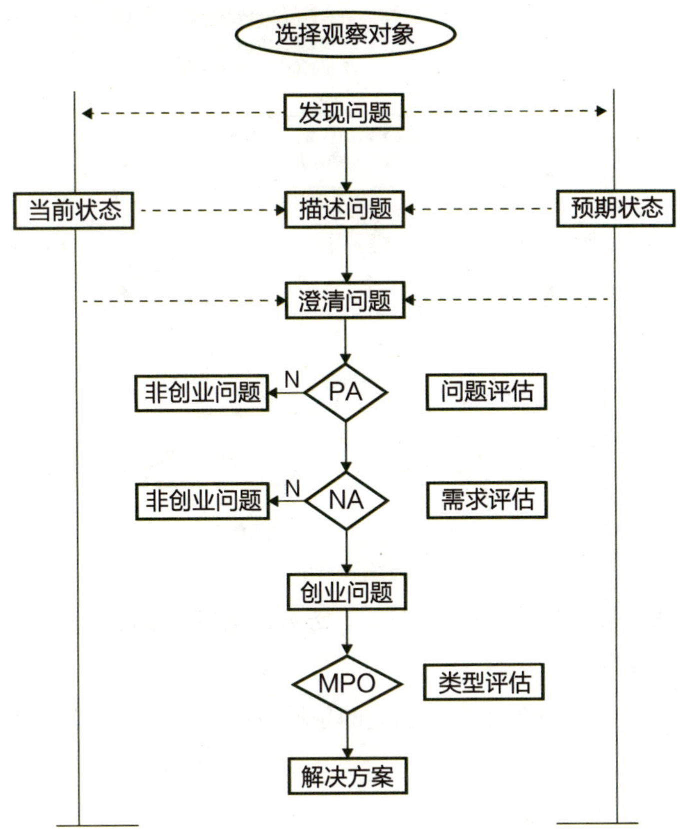

图 4-2　从发现问题到创业机会识别的基本流程

二、问题的质量

要想解决问题，首先要找到真正的问题（见图 4-3）。如果问题找错了，就永远找不到用户需要的解决方案。如何判定一个问题是真正的问题呢？最好的做法是剔除各种区域因素，找不同的人群来判断你的解决方案是否会被他们采纳。如果是，那么这个问题就是共性问题。从痛点到正确的问题，再到解决方案，这中间隔着千山万水。但是，一旦痛点确定了，剩下的就是逻辑梳理以及落地执行了。商业即逻辑，理论上，找到了痛点，就可以通过逻辑思考找出真正的问题，进而找出解决方案。创新就是不断地优化已有的逻辑，或者建立全新的逻辑，然后更好地获得收入，更好地服务用户。

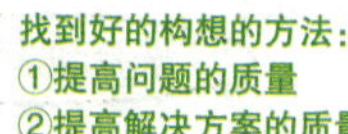

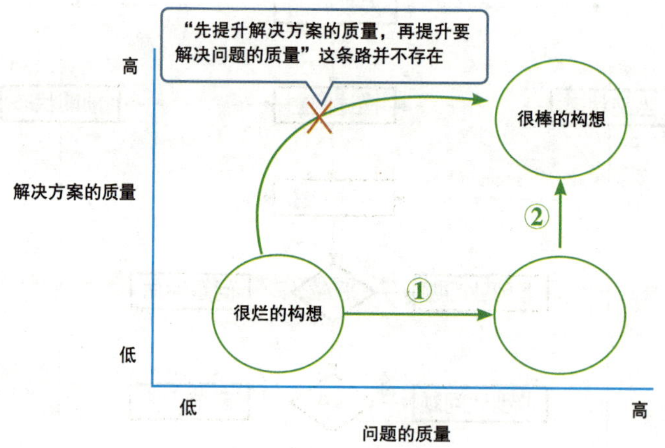

图 4-3　找到真正的问题

决定问题质量的要素有三个，如图 4-4 所示。能问出多好的问题，取决于创业者在这三个要素上有多充分的准备。

（1）高度专业性。创业者在意向创业的领域越专业，发现和提出的问题的质量就越高。

（2）业界环境的相关知识。

（3）对于市场环境变化（PEST）的理解程度。

观点、知识、经验这三者极为重要，且都是创业者必备的条件。

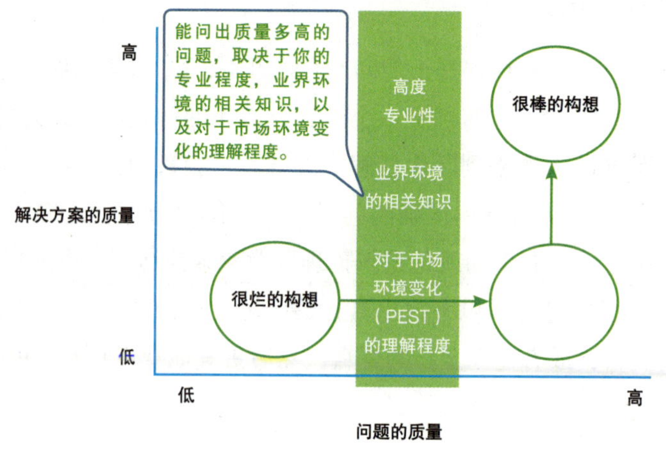

图 4-4　决定问题质量的三个要素

拓展学习 2

PEST分析法介绍

PEST分析法是战略外部环境分析的基本工具，它通过对政治（Politics）、经济（Economy）、社会（Society）和技术（Technology）四个方面的因素分析，从总体上把握宏观环境，并评价这些因素对企业战略目标和战略制订的影响。

（1）P（Politics），即政治要素，是指对组织经营活动具有实际与潜在影响的政治力量和有关的法律法规等因素。当政治制度与体制、政府对组织所经营业务的态度发生变化时，当政府发布了对企业经营具有约束力的法律法规时，企业的经营战略必须随之做出调整。法律环境主要包括政府制定的对企业经营具有约束力的法律法规，如《中华人民共和国反不正当竞争法》《中华人民共和国企业所得税法》《中华人民共和国环境保护法》等。政治、法律环境实际上是和经济环境密不可分的一组因素。

（2）E（Economy），即经济要素，是指一个国家的经济制度、经济结构、产业布局、资源状况、经济发展水平以及未来的经济走势等。构成经济环境的关键要素包括GDP的变化发展趋势、利率水平、通货膨胀程度及趋势、失业率、居民可支配收入水平、汇率水平、能源供给成本、市场机制的完善程度、市场需求状况等。

（3）S（Society），即社会要素，是指组织所在社会中成员的民族特征、文化传统、价值观念、宗教信仰、教育水平以及风俗习惯等因素。构成社会环境的要素包括人口规模、年龄结构、种族结构、收入分布、消费结构和水平、人口流动性等。其中人口规模直接影响着一个国家或地区市场的容量，年龄结构则决定消费品的种类及推广方式。

（4）T（Technology），即技术要素，它不仅仅包括那些引起革命性变化的发明，还包括与企业生产有关的新技术、新工艺、新材料的出现和发展趋势以及应用前景。在过去的半个世纪里，最迅速的变化就发生在技术领域，像微软、惠普、通用电气等高技术公司的崛起改变着人类的生活方式。同样，技术领先的医院等组织，也比没有采用先进技术的同类组织具有更强的竞争力。

第三节　创业机会问题探索画布工具

最重要、最艰难的工作从来不是找对的答案，而是提出正确的问题。因为世界上最无用，甚至最危险的情况，就是虽然答对了，但是一开始问错了。

——彼得·德鲁克

发现待解决的问题只是创业的开始。验证了问题的真实性后，还需要通过对问题的探索，来找到有效解决问题的思路。创业者初始想到的构想只是原石，之后的思考过程才是重点。越是思考问题，就越能深入核心，从而发现造成问题的真正原因。创业者能否把别人的问题当作自己的问题，比起构想本身更重要、更有价值。

寻找真实存在且未被满足的客户需求及设计解决方案是一个生成和选择的过程。生成过程需要整合你的调研、创意和想象力来探寻如何为特定用户群创造更完美的体验。你的调研对象包括客户、现有解决方案以及行业竞争者。调研方式包括电话询问、面对面交谈、在线调查、测试和实验。调研能帮助你更好地了解现有解决方案的可行性和缺陷。虽然调研或许能引导你单独完成部分的重要工作，但是其余大部分的调研需要和他人协作完成，这些人包括潜在客户、其他企业家、竞争对手或者你所在的行业的专家等。

一、创业机会问题探索画布工具

创业机会问题探索画布工具见表 4–1。

表 4–1　创业机会问题探索画布工具

<table>
<tr><td rowspan="2">1. 谁的问题</td><td>2. 发生情境</td><td rowspan="2">4. 问题的过去 / 现在 / 未来</td><td>5. 问题的重要性和紧急性</td><td rowspan="2">7. 问题的本质原因</td></tr>
<tr><td>3. 问题的组成</td><td>6. 问题的约束条件</td></tr>
</table>

续表

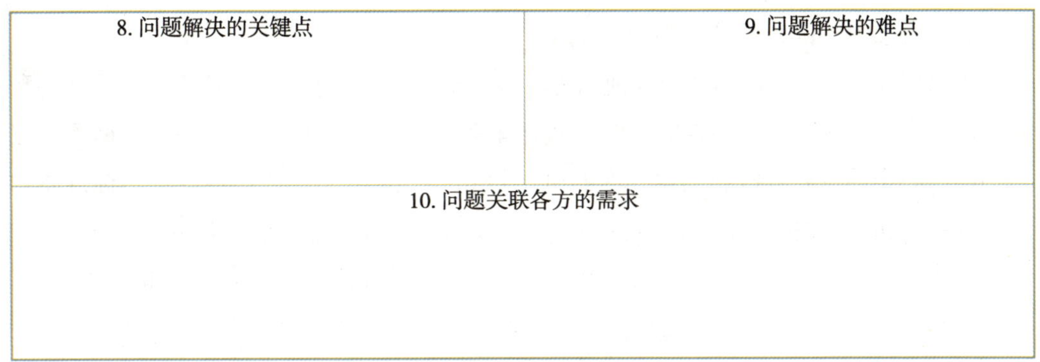

8. 问题解决的关键点	9. 问题解决的难点
10. 问题关联各方的需求	

对创业机会问题探索画布工具十要素的解读如下。

1. 第一要素：谁的问题

该要素要求创业者能清晰全面地回答出待探索的问题的关联主体是谁，以帮助自己明确解决问题时考虑主体需求的侧重点。在描述该要素的时候，创业者要系统思考以下几个问题：该问题主要发生在哪些群体身上；与此有关的关联群体有哪些；他们有何特征；消费购买力如何；制约消费的因素有哪些；群体规模增长趋势如何；哪些群体最先有该问题发生的可能性（也就是谁是天使客户）等。

2. 第二要素：发生情境

该要素要求创业者能清晰全面地回答出待探索的问题出现或发生时具体的场景，以明确对问题发生条件的认识。在描述该要素的时候，创业者要系统地思考以下几个问题：问题的产生需要具备什么样的条件；还有哪些因素和条件会影响问题的发生；具体发生的时间条件、地点条件如何；问题的触发动机和触发事件是什么等。

3. 第三要素：问题的组成

该要素要求创业者能清晰全面地回答出待探索的问题包括哪些子问题、关联问题以及延伸问题。子问题是将主要问题进行解剖，分解为具体的小问题；关联问题是指各关联方会有什么样的诉求和需求；延伸问题是指目标客户在解决主要问题时是否有其他能一并解决的问题和诉求。这样的问题组成分析能有效地提升解决方案的完整性和系统性。

4. 第四要素：问题的过去、现在、未来

该要素要求创业者能清晰全面地回答出待探索的问题在不同阶段的表现情况和人们的处理情况。在描述该要素的时候，创业者要系统地思考以下几个问题：该问题在过去、现在有什么样的不同和变化；各方的态度和解决措施如何；问题及解决方法未来的趋势会如何。对该要素的探索是为了了解问题发生及解决之道演变的来龙去脉，帮助

创业者学习他人处理方式的同时避免陷入盲目的自信。

5. 第五要素：问题的重要性和紧急性

该要素要求创业者能清晰全面地回答出待探索的问题对于问题主体来说其重要性和紧急性的程度。在描述该要素的时候，创业者要系统地思考以下几个问题：目前问题在目标群体心中的重要程度和紧急程度如何；理由和依据是什么；怎样能改变目标群体对问题重要性和紧急性的认识。对该要素的探索是为了了解问题在目标群体心中的重要性和紧急性现状，同时激发出改变现状的可行性，以提高创业问题的开发和利用价值。

6. 第六要素：问题的约束条件

该要素要求创业者能清晰全面地回答出影响和制约目标群体解决问题的内部和外部的因素。在描述该要素的时候，创业者要系统地思考以下几个问题：目前影响该问题解决的因素和制约条件有哪些，其中哪些是目标群体造成的，哪些是其他关联群体造成的，哪些是外部环境和条件造成的；现阶段制约影响力最大的是哪几个因素。对该要素的探索是为了了解问题解决的难易程度以及解决策略的有效性。

7. 第七要素：问题的本质原因

该要素要求创业者能清晰全面地回答出造成问题需要被重视的原因和根源是什么。在描述该要素的时候，创业者要系统地思考以下几个问题：导致目标群体问题存在的主要原因有哪些，其中最主要的原因是什么；导致这些原因存在的更深层的原因又是什么。问题的表现形式往往是现象级的，要真正有效地解决问题，必须找到问题的根源，也就是要找准问题产生的本质，以及问题背后潜在的深层次原因。对该要素的探索是为了通过对问题的盘根问底，透彻认识问题，获得根源性解决问题的认知。

8. 第八要素：问题解决的关键点

该要素要求创业者能清晰全面地回答出解决问题的关键要点是什么。在描述该要素的时候，创业者要系统地思考以下几个问题：有效解决该问题的关键点是哪些；重要性排序如何；哪些关键点是目前能解决的，哪些还需要进一步整合资源来解决。对该要素的探索是为了提高解决方案的竞争力。

9. 第九要素：问题解决的难点

该要素要求创业者能清晰全面地回答出目前解决问题存在的难点有哪些。在描述该要素的时候，创业者要系统地思考以下几个问题：目前影响帮助目标群体解决问题的难点有哪些，其中创业者自身导致的难点是什么，目标群体引起的难点是什么，其他关联群体引起的难点是什么。对该要素的探索是为了评估问题解决的难易程度，形成解决方案的重要设计思路。

10. 第十要素：问题关联各方的需求

该要素要求创业者能清晰地对机会性问题的存在导致各方产生的需求进行界定和描述。根据各方在问题产生中主体性的不同，需要依次按照角色的重要性对其呈现的需求进行具体化描述，以帮助人们有针对性地形成问题解决思路。

以上十要素是对创业问题的全方位探析。我们不是为了分析问题而分析问题，而是因为目标群体的问题对应着需求。细致地分析问题的目的是找到真实的、有规模的又尽量实际的需求。所以利用问题画布分析完问题后，我们最后还要形成对需求的洞见，也就是目标群体到底有什么样的真实需求，而不是所谓的需要。因为需求比需要更迫切，更切合目标群体的现实情况。

二、形成解决问题的总体思路

1. 清晰定义创业问题

苏轼诗云：横看成岭侧成峰，远近高低各不同。如果只从表象看一个问题，由于看问题者个体的差异和看问题角度的不同，会形成不同的认识和见解，从而获得不同的研判和决策。利用创业机会问题探索画布工具对创业问题进行系统、全面、深入的探索求证后，创业者会对问题有更深刻、更细致、更有侧重点的认识，会形成对需要解决的问题的靶向性认识，即对问题的总体认识，以便方向性地引导后续的解决过程。

创业问题的总体描述可以采用以下通用型格式：

创业问题总体描述=目标群体+具体原因+行动+追求效果

举例：

在一、二线大城市，由于中低收入的上班群体（目标群体）每天有规律地上下班和不愿意挤公共交通工具的需要（具体原因），会自发通过网络社交平台发出共享交通出行的需求（行动），在降低出行成本的同时获得私人出行的满足（追求效率）。

2. 形成创业问题总体解决思路

以需求满足为导向，以问题分析为支撑，形成有效的、可行的、经济的解决问题的总体思路。没有深入、具体的问题分析做支撑的需求判断只能是主观的判断，并且缺乏深度和独特的视角，从而在根源上影响解决方案的质量。问题总体解决思路的形成，需要创业者清晰、具体地回答以下问题。

（1）这是一个什么样的问题？

（2）需要解决的原因是什么？

（3）关键点、有效点是什么？

（4）解决的手段和方式是什么？

（5）追求的目标和效果是什么?

（6）影响目标达成的因素是什么?

这些问题的答案构成了创业者形成解决方案的出发点和落脚点，问题的探索过程就是验证创业方案是否可行的过程。

行动学习小任务 1

请利用创业机会问题探索画布工具对自己意向的创业项目或类似已有的对标项目对应的创业问题进行细致深入的探索，并形成对问题的定义和总体解决思路。若是对已有创业项目进行分析，可以创新性地重新定义创业问题，发现新的创业机会。

任务完成价值

通过本任务的完成，可以系统地经历一次利用创业机会问题探索画布工具对意向性的创业问题进行结构化、系统化的分析，并从中体会到工具的价值。

第四节　问题探索的常用方法

很多时候不是我们不能找到解决方案，而是我们看不到问题所在。

——吉尔伯特·基思·切斯特顿

问题的探索过程就是对问题进行信息收集、加工利用，进而获得洞见和形成解决思路的过程。

在利用创业机会问题探索画布工具进行问题探索时，会常用到以下方法。

一、访谈法

虽然某些情况下会针对焦点团体采用一次与多数人对话的方法进行访谈，但如果想挖掘出客户真正的心声，最好能够进行一对一访谈，让访谈对象不用顾虑周围人的反应。

（一）访谈时要注意的四个重点

1. 仔细了解访谈对象

访谈对象一般应有以下五个特征：有使用这种解决方案的预算；对于该问题有一定的解决方式；积极寻找各种解决方案；有认识到这个问题；正在厘清这个问题。

2. 把自己当成访谈对象的徒弟

将既有的成见放在一边，把自己当成访谈对象的徒弟，可以让你获得更多有益的洞见。如果能按照“请求教导→盘根问底地询问→确认→从访谈中找到新的问题”这样的脉络进行访谈，便有助于自己获得真实的有深度的信息。

3. 注重访谈对象的非语言信息

如果受访者不是创业项目的目标客户，要获取相关洞见就很难。我们可以从以下几点观察访谈对象是否真的对我们要解决的问题有兴趣（见图 4–5）。

表情：表情是否认真，说到痛点时的表情是否真切。

动作：是否集中精神在访谈上，是否做出否定的肢体语言。

态度：有没有表现出积极的态度。

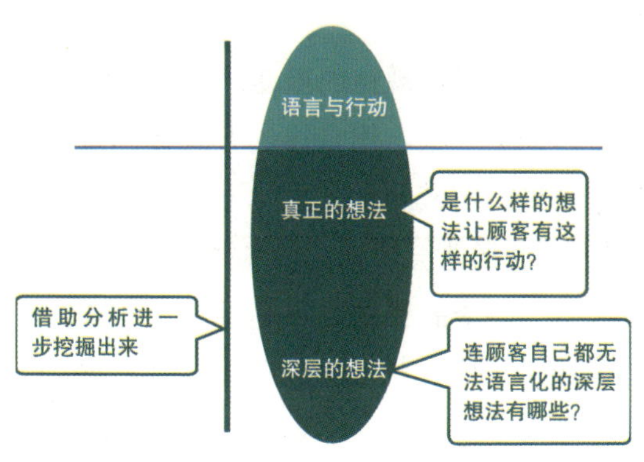

图 4–5　从访谈对象的语言与行动分析其想法

4. 亲自进行访谈

创业者需亲自进行访谈。能够站在顾客的立场，深刻理解顾客的痛点与需求，并从顾客的角度讲出一套故事，是制造出人们喜爱的产品的前提条件。

但如果只是将收集到的顾客反馈照单全收的话，是学不到太多东西的。因为顾客大都只会描述表面的现象，并且信息量过多或过于零散。史蒂夫·乔布斯说过："你不能只是询问顾客需要什么，并提供他们要求的产品。如果你这么做，那么在产品完成时，他们又会需要更新潮的玩意儿。知道自己真正想要什么，并不是顾客的工作。找出顾客真正想要的东西，才是新创事业该做的工作。"

（二）访谈的一般步骤

1. 请求教导

以向师傅求教般的态度（包括语言以外的态度）询问对方问题。

注意：对访谈对象来说，你想问的事可能是他们的"日常活动"、"工作"、"习以为常的作业"。他们或许是这方面的专家，却不一定习惯将其语言化（使问题明朗化）。须随时提醒自己，把问题明朗化才是访谈的重要目的。

2. 盘根问底

若想获得更多信息，基本态度应该是专心聆听，不要一直讲自己的事或不回应访谈对象的意见。可试着尽量抛出无法以"是"或"不是"来回答的开放式问题，从而挖掘出对方的洞见。访谈对象通常不会想要深入了解自己平常的行动与工作，所以在访谈中也可能会发现过去不曾注意的事。能够引导访谈对象说出像"现在讲起来我才发现，其实……"之类的话，也是一大重点。

提问的重点：

（1）专注"现在"，而不是未来。现在的行动，才是设想明日行动时的最佳提示。

（2）提出具体问题而非抽象问题。用具体的方式提出疑问较有临场感，这样才能挖掘出有用的信息。举例来说，与其问"这种事的频率大概是多少"，不如问"过去一个月内实际上发生过几次"，这样才会得到比较具体的结果。

（3）询问过程而非结果。访谈的目的并不是要知道结果，而是要试着让访谈对象说出每个阶段的过程，形成一个完整的故事，从而抓住问题的背景与脉络。比起语言上的说明，如果能请访谈对象将造成某个结果的过程以示意图表示，会更容易了解。

（4）询问碰到的问题而非解决方案。避免谈到自己制作的产品有哪些功能之类的话题，而是聚焦于访谈对象碰到了什么样的问题。可以试着询问"若将痛点的程度分为十个等级，您认为这个问题会让您有多痛？"这样的问题，让访谈对象对问题的严重程度做出大致的评价。

3. 确认

访谈对象常会用自己的方式解释情况，会与实际情形有落差。为了防止这一点，采访者在倾听对方说话时，须确认每一个部分的内容是否正确。确认的方法包括：复述，将对方讲过的话原原本本重述一次；概括整理内容重点再次确认；也可以将对方说过的话用自己的话再说一遍以确认内容无误。这个过程可以让访谈对象仔细确认自己所讲的内容，并对此重新思考，使访谈能延伸至更深入的内容。

4. 从访谈中找到新的问题

与其一直向访谈对象抛出事前准备的问题，不如在仔细听过访谈对象说的话后，找出新的问题，这才是访谈最大的收获。如果能仔细倾听访谈对象说的内容，一定会产生新的疑问。根据这些内容提出新的问题，再仔细聆听回答。重复这样的过程，比较容易获得更多成果。

二、观察法

观察法是指研究者根据一定的研究目的，遵照研究提纲或观察表，用自己的感官和辅助工具去直接观察被研究对象，从而获得资料的一种方法。科学的观察具有目的性、计划性、系统性和可重复性。观察一般利用眼睛、耳朵等感觉器官去感知观察对象。由于人的感觉器官具有一定的局限性，观察者往往要借助各种现代化的仪器和手段，如照相机、录音机、显微摄像机等来辅助观察。

在许多观察中，研究者需要介入事件才能观察事情的完整情况，这叫作参与性观察。

观察法的一般步骤如下。

第一步：明确研究方向。

首先需要研究团队的所有研究者明确知道研究目的。明确研究的主题，一般包含三个方面：研究的对象、研究的问题、某一个特定的情景条件。

第二步：制订观察计划。

一旦明确了研究的方向，就需要将观察具体化和指标化。这个过程叫作制订观察计划。观察计划的项目包括：观察对象描述、观察地点、采用的方式和可能需要的设备器材、观察的次数、需要收集的内容等。

第三步：搭建观察框架。

通常采用POEMS框架来指导观察者在设计观察的时候，该观察什么、怎么记录，以便后期整理分析。

P：People，即被观察者。

O：Object，指观察时看到的物体。

E：Environment，指观察内容所处的环境。

M：Message，指被观察者可能接收和处理的信息。

S：Service，指被观察者可能涉及的服务。

第四步：观察后整理与分析。

现场记录下来的信息往往有两大类：一类是记录客观发生的现象，另一类是记录观察者自己的想法。记录时两类信息一定要分清楚，以便对多人观察的客观和主观信息进行汇总。

拓展学习 3

问题探索者需要具备的一种心理能力：同理心

同理心（Empathy）一词源自希腊文 empatheia（神入），原来是美学理论家用以形容理解他人主观经验的能力。亦译为“设身处地理解”“感情移入”“神入”“共感”“共情”。泛指心理换位、将心比心。亦即设身处地地对他人的情绪和情感的认知性的觉知、把握与理解。主要体现在情绪自控、换位思考、倾听能力以及表达尊重等与情商相关的方面。同理心是一种能够了解、预测他人行为和感受的社会洞察能力。

同理心并不要你迎合别人的感情，而是希望你能够理解和尊重别人的感情，希望你在处理问题或做出决定时，充分考虑到别人的感情以及这种感情可能引起的后果。

同理心地图（参见图 4-6）是一种在同理心应用的过程中记录研究对象的一些事实和感受，以综合全面地了解信息的工具。用于获取顾客内心的想法，让创业团队更能体会到顾客的感受。

图 4-6　同理心地图示例

同理心地图包含以下六项：

想：在想什么；感觉到什么；会担心什么；想得到什么。

听：听到什么信息；周围的朋友、上司、名人都在谈什么呢。

看：看到了什么；生活环境与交友关系如何；如何看待市场。

说：说了什么；做了什么行动；在这样的环境下以什么样的行动响应。

痛：感觉到什么样的痛点；有什么烦恼、障碍、挫折。

得：想得到什么；想要的东西，必要的东西；成功指标分别是什么。

行动学习小任务 2

团队成员利用POEMS观察框架，对意向创业项目的关联对象进行观察，以获得有事实依据的推理。

观察要素	观察要素描述	观察信息记录	观察后的判断
P（被观察者）			
O（观察到的物体）			
E（观察到的环境）			
M（观察到的信息）			
S（观察到的服务）			

任务完成价值

通过本任务的完成，可以让团队成员在统一的观察工具的引导下，对问题的构成要素进行不同视角的观察，从而得到更综合客观的信息。

第五节　从机会问题到创业问题

如果在达成“制作出人们想要的东西”之前，便积极投资在获取顾客上的话，就像是往有破洞的水桶里倒水一样。

——田所雅之

一、机会问题与创业问题

从创业者对问题的理解以及对实际创业决策的影响来看，前期我们讲的问题属于机会问题的范畴，也就是创业者带着一开始的主观价值判断，对某个领域的问题进行的深入探索。机会问题的清晰表达只能说明创业者对创业机会追求的大致研判，有助于明确创业方向和领域，但还不能指导具体的创业行动。

要基于问题探索得到的认识（了解到的需求）、创业能力的评估（拥有的技术）以及商业价值的开发潜力（市场的规模）三者的综合考量，把机会问题转换为可以指导具体创业行动的创业问题。创业问题是机会问题的目标化和具体化。

以城市短途出行人员打车难问题为例，说明从机会问题到创业问题的演化，见表4–2。

表 4–2　机会问题到创业问题的演化

机会问题	创业问题	创业项目
城市短途出行人员经常打不到车，造成出行不方便。	因为城市短途出行人员无法远程呼叫打车，从而造成不能实时打车的情况。	开发打车信息平台
	因为城市管理者无法实时掌握打车的布点情况，从而无法精准地调度车辆。	开发城市打车调度管理平台

续表

机会问题	创业问题	创业项目
	因为城市运营车辆的使用成本较高，从而降低了可供打车的供给量。	开发经济型城市运营车辆
	……	……

二、创业问题的描述

要解决问题，团队必须先确定一个出发点。通过问题的陈述可以让团队有一个明确的努力方向。团队陈述中需要包含各种重要的限制条件。团队一起工作，限制条件是必不可少的。有了限制条件，团队才能脚踏实地，朝正确的统一的方向前进。从机会问题转到创业问题，是创业方向和任务的进一步明确。

具体的创业问题与创业机会问题相比，问题要素细化到了解决方式以及对应的效果追求上。创业问题的描述模板由三部分组成。

（1）解决问题的手段和方式。

（2）利益相关者希望解决的具体问题。

（3）解决效果追求的目标或改善需求。

描述示范：

我们想提供（什么样的产品/服务）来实现（什么样的目标）。我们发现主要目标群体和关联群体的（什么需求）只得到了（怎样的）满足，这对他们产生了（什么样的）不良影响。我们应该（如何改善或创造）产品/服务来改变现状，从而使得各方更加满意。

范例：

我们想通过一个具有社交属性的实时共享出行的网约平台，提供一种网约共享出行用车服务。我们发现城市上班一族和有规律的城市短途出行人员，在信任的环境中共享私家车出行服务的需求只能在个人的微信朋友圈里进行发布，这对私乘服务的提供者和需求者来说可选择的空间很小，影响需求的满足效率。我们应该基于熟人社交开发一个可以依托各大社交平台和信用系统的专属私家车出行共享约车平台，使得私家车主、用车者、城市交通管理者和用工企业在出行便利、缓解交通拥堵和因地理位置导致打车难等方面的需求得到更好的满足。

第六节　创业机会的评估

认真的企业家要测试他们看好的机会，许多有抱负的企业家所犯的错误是只检查了宏观层面。宏观层面上有利的行业条件不是万能的，行业中的亲身经历很重要。

——马林斯

一、创业机会的类别

创业机会主要是指具有较强吸引力的、较为持久的有利于创业的商业机会。创业者据此可以为客户提供有价值的产品或服务，并同时使创业者自身获益。创业问题对应的创业需求是创业机会开发和利用的根基。根据不同的考虑因素，我们把创业机会分为可能的创业机会、可行的创业机会和可实现的创业机会。它们的具体关系如图 4–7 所示。

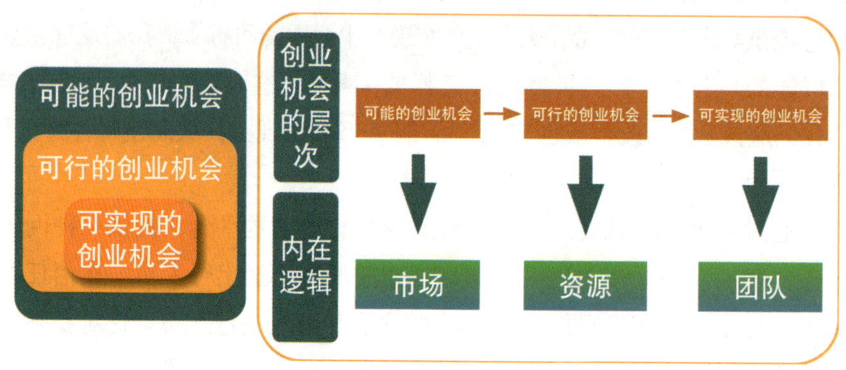

图 4-7　创业机会的关系

二、创业机会的评估

找到可以开发利用的高潜力创业机会对于创业者来说是真正意义上的优势，它可以为创业者提供“肥沃的土壤”来发展自己的项目，从创新创业创造中获取最大的价值。我们要避免将时间浪费在劣质的机会上。一定要三思而后行。

（一）初始筛选

初始筛选时，应注意以下关键问题。

（1）用户的需求是否存在？

（2）我们是否真的能够利用独特能力满足用户的需求，并且优于现有的解决方案？

（3）是否存在严格的制约因素影响我们把握这个创业机会？

（4）这个机会是否和我们的核心价值理念冲突？

（二）创业机会吸引力评估

对于创业者来说，潜在创业机会集合是一项宝贵的资产。然而就像生活一样，当你必须做出选择时，它们就会让你身处两难的境地：哪些选项是主要机会选项，是你全力以赴要抓住的机会；哪些选项是你暂时要搁置的。要做出这个重要决策，首先要评估你的可选项，因为这些机会有不同的吸引力。一个富有吸引力的创业机会很可能具有巨大的潜力，为你创造价值，并且在实现价值的过程中你会面对较小的挑战（见图4-8）。

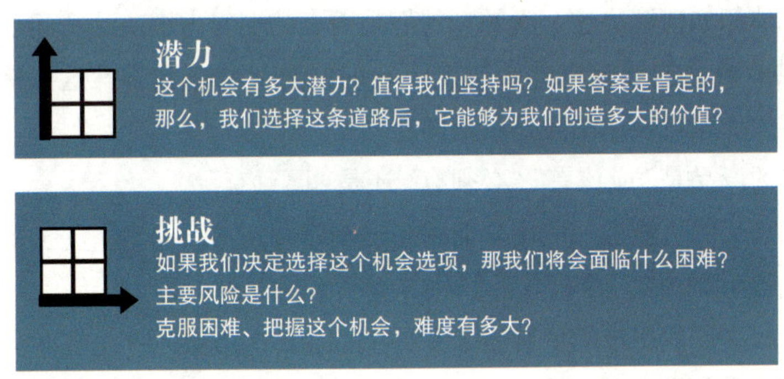

图4-8　富有吸引力的创业机会的潜力及其带来的挑战

（三）创业机会潜力评估

创业机会潜力评估对于创业机会的整体评估很关键，因为这个评估可以让你了解抓住这个机会可能创造出来的价值。简言之，就是明确追求这个选择有多大价值。想象一下，潜在创业机会集合创造出了发展环境，如果创业机会相当于此环境中的一座山，那潜力这个维度测量的就是山的高度。所以山越高，它带给你的潜在的价值就越大。

一个创业机会的价值创造潜力是由以下三个重要因素决定的。

1. 购买的必然理由

会有人真的需要我们的产品，并且愿意购买它吗？理由和依据是什么？如果没有人想要购买这个产品，那它就毫无价值可言，所以你首先需要了解在某个创业机会下，是否有人真的需要你所提供的产品。如果购买的必然理由不充分，那此路就不通，因为需求并不会因你的产品的出现而大幅上升。

进行购买理由的评估，需深入思考三个主要问题。

①是否真的存在未被满足的需求？理由和依据是什么？

②我们是否能够针对这个需求提供有效的解决方案？理由和依据是什么？

③我们提供的解决方案是否（大幅度）优于现有的方案？

以上三个问题的真实答案可以让你评估潜在用户购买产品的理由的充分程度。

以下是一个非详尽的问题清单，可以引导我们找出问题的答案。

（1）关于是不是一个真正未被满足需求的问题的引导清单。

①需要解决或完成的确切问题/需求/工作是什么？这个需求是功能的、社交的、情感的还是基本的需求？

②谁有这样的需求？试着列出一位普通用户的特征。谁是你的经济型买家，谁是你的用户？

③目前，他们如何解决这个问题？他们是否真的在努力解决这个问题？

④你提供的产品能够带来什么改变？它的主要优势是什么？这些优势是经济的、功能的、情感的、自我表达的还是社交的？

⑤你提供的产品是“应该有”“必须有”还是“愿意有”？

⑥制作和购买的可能性——用户能够自己制作吗？

（2）关于是否提供了一个高效的解决方案的引导清单。

①你能够解决这些用户的所有需求并提供整套解决方案吗？

②你能够为使用你的解决方案的用户创造出其他需求吗？这些需求是你目前无法解决的吗？

③在解决这个需求或完成这项任务方面，你具备哪些优势？

④在解决这个需求或完成这项任务方面，你具备哪些劣势？

（3）关于是否优于现有解决方案的引导清单。

①你的用户目前还面临哪些其他解决方案？

②与其他解决方案相比，你具备哪些优势？为什么用户要优先选择你的产品？

③与其他解决方案相比，你具备哪些劣势？为什么用户要优先选择其他产品？

④你的解决方案具备的优势对用户而言是否真的有价值？

注意在评价时，我们要从用户的角度对这些因素进行评估。重要的不是你的想法，而是他们所表达的观点或行为。验证你的观点，走出办公室，多与潜在用户讨论这个创业机会。

深入考虑了这些问题后，就能够对“购买的必然理由”这个因素进行评级了。如果你认为这种做法有帮助，你还可以逐一对子因素进行评级，然后综合它们的等级，得出最终等级。

2. 市场容量

满足一个确实存在的需求是价值创造的重要条件。然而，决定产品销售的范围和产品潜在价值的是市场容量。在了解市场容量时，你需要估算近期确实（或可能）有这种需求的用户的数量以及他们愿意支付的费用。市场规模是预测创业机会潜力的关键指标。虽然市场规模很重要，但规模不大的市场如果可以成为进入更大规模市场的敲门砖，那它仍可以是一个不错的备选项。

进行市场容量的评估，需深入思考两个主要问题。

①当前的市场规模有多大？

②它的预期增长空间如何？

客观地回答以上两个问题是预测市场容量的基础。

以下问题可以指导你判断市场容量。

（1）当前的市场规模。

①有多少用户需要你的解决方案？根据已掌握的数据，你可以采用自下而上或自上而下的方式预测潜在用户的总数量。

②有多少用户实际使用或购买你的解决方案？潜在市场规模和可服务市场范围有多大？

③这些用户每年会购买多少产品？每位用户的年收入是多少？结合这两个数据，预测市场总规模，也就是在他们都会购买产品的情况下，这个市场有多大。

④用户每年会支付多少钱用于处理你旨在解决的问题？

（2）预期增长空间。

①市场是处于成熟阶段还是发展变化阶段？近两年是否有所增长？

②接下来 2~5 年内，你预计用户需求或数量会增长多少？

建议将市场规模分解为两个因素：数量和收入。这两个测量指标相辅相成，能让你更清楚地预计市场容量。

市场可以分为现有市场、重新细分市场和新市场。前两种市场容易预测，因为用户对他们的需求更明确，这两种市场的相关数据也更全面。但是，对于新市场而言，没有明确的用户，没有明确的竞争者，也没有明确的产品，所以测量这类创业机会的潜力更像是猜测，而非预测。不管哪种情况，预测一个市场时，你必须与对产品感兴趣的群体和经销商进行交流，寻找潜在竞争者，收集现有分析报告和进行相关的市场调研。谷歌分析和谷歌趋势可以为需求量的判断提供初步依据。

深入考虑了这些问题后，你就能够对“市场容量”这一因素进行评级了。如果你认为这种做法有帮助，你还可以逐一对子因素进行评级，然后综合它们的等级，得出最终等级。

3. 经济可行性

作为评估创业机会潜力的最后一个因素，经济可行性反映了这个机会可能会为你创造的经济效益。不涉及详细的销售计划或投资回报率，它指的是影响创业机会经济价值的基本因素。

在评估的初期，制订详细的财务计划（3~5 年的损益估算）并不可行，因为这个计划涉及的大部分信息到目前为止都太模糊。但是，通过考虑以下三个主要问题，你可以得到一个相对清楚的创业机会经济潜力的估算。

①你是否会有可观的利润？

②用户是否可以负担既定的价格？

③用户黏性有多大？

客观地回答以上三个问题有助于了解创业机会的经济潜力。

以下问题可以引导你找出答案。

（1）利润率（价值与成本）评估的引导问题。

①用户愿意支付的预估价格是多少？

②产品/服务的预估成本是多少？

③每位用户的预估成本是多少？

④预估利润是多少（也就是每位用户的经济潜力）？

⑤他们是否会随时间发生变化（由于规模经济、组件的有效性的提高等）？

（2）用户的支付能力评估的引导问题。

①用户是否具有较强的经济能力（总体来说）？

②对于产品/服务旨在解决的问题，用户是否有预算（特别是B2B）？

（3）用户黏性评估的引导问题。

①用户使用或重复购买你所提供的解决方案的频率如何？

②用户使用替代解决方案的难易程度有多大？

创业机会的经济可行性很关键，因为它最终决定了企业能否生存和发展。虽然我们很难预测产品/服务的未来标价，但重要的是能够了解并确定产品/服务的成本和用户愿意支付的价格。不管怎样，一定要与你的“经济型买家”沟通，了解他们的想法，另外，找出竞争的产品/服务，它们是你定价的参照标准。

在预估你的成本时也会遇到类似的问题，粗略估算可能是目前最佳的处理方式，总要好过毫无头绪。注意，因为规模经济的出现，成本可能会呈下降趋势。

虽然这个因素很重要，但也会有很多成功的企业在开始时并没有一个清晰的收入模式，它们认为用户牵引的增长会产生巨大的经济回报（如百度地图）。在这种情况下，经济可行性具有很大风险，而且只有在长期内才具有较高的经济效益。

深入考虑了这些问题后，你就能够对“经济可行性”这一因素进行评级了。如果你认为这种做法有帮助，你还可以逐一对子因素进行评级，然后综合它们的等级，得出最终等级。

完成对以上三个关键因素的分析后，将这三个因素的等级综合即可得到总的创业机会潜力等级。另外，将这三个等级平均，即可得到平均等级，而平均等级将用于判断这个创业机会在吸引力地图上的位置。

注意，平均等级可能会隐藏关于创业机会优缺点的信息。不过更重要的是，你已经考虑了评估创业机会潜力时的主要因素。必要时也可以对不同因素赋予不同的权重，但要慎重行事，如果你确实要使用不同的权重，一定要确保在不同机会选项间保持一致。

（四）创业机会挑战评估

你考虑的每个创业机会不仅涉及本身具有的价值创造潜力，还包括其价值带来的挑战。了解创业机会的挑战很重要，因为它们决定了你在这个市场获得成功的难易程度。注意，虽然潜力是通过观察创业机会本身来评估的，但挑战考察的其实是你的成功能力，以及可能面临的主要障碍。

在创业机会的地形图上，每个机会选项就是一座你要攀登的山。“挑战”指的是你爬到山顶的概率，而不是山顶的高度。

利用以下三个主要因素来判断一个创业机会面临的挑战。

（1）实施障碍。创造和交付你的产品/服务的难易程度有多大？

（2）获利周期。通过销售产生现金流的时长是多少？

（3）外部风险。商业环境中，哪些障碍会阻止你的发展？

我们建议你逐一对每个因素进行评估，然后综合你评定的等级，得出挑战的最终等级。

1. 实施障碍

实施障碍是指在你成功进入市场发布和推广你的产品/服务的过程中，创造和交付产品时你会面临的各种挑战。评估这些挑战有助于理解与特定创业机会相关的挑战。除了了解已掌握的资源和能力，你还需要了解自己应该开发和获得其他哪些新资源和新能力以保证在选定的创业机会中获得成功。

评估实施障碍首先需要解决以下三个主要问题。

①对你来说，开发产品的难度有多大？

②对你来说，销售和分销的难度有多大？

③对你来说，为这个机会选项筹集资金的挑战有多大？

以上问题的答案可以让你深刻了解实施过程中面临的挑战。

问题可具体细化如下。

（1）产品开发的难度。

①必须攻克哪些技术难关？

②你是否可能会面对与用户界面和设计相关的挑战？

③你是否应该遵守任何规章制度？

（2）销售和分销的难度。

①为获取用户，需要利用哪种分销渠道（直销、经销、零售等）？

②是否有充足的渠道？

③建立渠道需要多长时间？

④拥有多个渠道是否重要？

⑤经营/利用分销渠道的成本有多高？

⑥是否已存在有效的销售渠道（针对目标用户群）？

⑦让用户了解你的产品/服务并产生兴趣（也就是获得新用户）的成本有多高？

（3）筹集资金的挑战。

①在用户开始购买产品/服务前，你需要筹集多少资金？

②筹集足够资金的难度有多大？

创业者常常会充分考虑开发产品/服务时面临的挑战，而忽略将其推向市场的挑战。交付产品/服务有时要难于产品开发，所以一定要深思熟虑。

在你了解了在特定创业机会下创造和交付产品/服务过程中面临的挑战后，你可以据此判断所需的资金额。在估算必备资金时，采用自下而上的分析方法：需要多少研发人员；需要什么设备；需要多少营销人员；营销活动需要多少投入。

如果无法估算此阶段必备资金的确切数额，那可以选择大概的范围，用类似低于或高于 100,000 元的方式来估算。

深入考虑了这些问题后，你就能够对“实施障碍”这一因素进行评级了。如果你认为这种做法有帮助，你还可以逐一对子因素进行评级，然后综合它们的等级，得出最终等级。

2. 获利周期

正向现金流就像新创企业的氧气。在创业的过程中，资金如流水。因此，通过销售产生现金流的速度就是主要考虑因素。这个因素预测了账户中开始产生现金积累的时长。如果周期过长，那你很可能在创业路上面临重大挑战，也可能遭受巨大的压力，因为主要股东及员工会质疑创业思路的可行性。

预测创业机会的获利周期，首先要考虑以下三个主要问题。

①预计产品开发时长是多少？

②我们是否需要等待市场接受我们的产品/服务？

③销售周期预计是多长？

客观地回答以上三个问题有助于了解与创业机会相关的时间因素。

以下问题可以引导你找出答案。

（1）产品开发时长。

①在产品准备进入市场前，你需要完成哪些重大任务（考虑技术开发、设计配件、规章制度等）？

②完成每个重大任务的时长是多少？

③在产品准备进入市场前的这个阶段需要多长时间？

（2）产品准备就绪和市场准备就绪之间的时长。

①产品准备就绪后，我们应该或需要在产品推向市场前做什么（考虑价值链因素、必备的基础设施、互补产品等）？

②这要花多长时间？

（3）销售周期。

①谁是购买决策的参与者？为达成交易，你需要与多少人进行沟通/会面？

②是否会有人反对购买此产品或阻碍其进入市场？他们为什么反对（价格昂贵/产品复杂/原系统需要改变）？

③达成交易的预计时长是多少？

④交易确定后，预计的执行时长是多少？

深入考虑了这些问题后，你就能够对“获利周期”这一因素进行评级了。如果你认为这种做法有帮助，你还可以逐一对子因素进行评级，然后综合它们的等级，得出最终等级。

3.外部风险

外部环境中的许多企业和竞争者会威胁你的企业的成功，而你通常无法控制这种风险，但在判断创业机会价值发挥的难易程度时需要考虑这一点。

评估创业机会的外部风险首先需要考虑以下三个主要问题。

①竞争会给你带来多大威胁?

②你对其他企业或竞争者的依赖程度如何?

③你的产品/服务的市场接受度如何?遇到的阻力有哪些?你对此有多敏感?

客观地回答以上三个问题有助于你更深入地了解与创业机会相关的外部风险。

以下问题可以引导你找出答案。

(1)竞争威胁。

①谁是你目前的竞争者?

②谁会成为你未来的竞争者?

③这些竞争者有多强大?

④对于新入市场者是否有进入壁垒(专利、规则制度、外部网络等)?

⑤与其他竞争者相比，你是否有明显的优势?

⑥这种优势是否可持续(独特、难模仿、可持续)?

(2)第三方依赖性。

①合作创新：为了让你的发明创造成功，还需要谁参与创新?

②生态系统中的哪些参与者会影响你的产品被用户接受?为了让目标用户完全实现价值主张，还需要谁采用你的发明创造?

③制度管理：你对政策制定者和监管机构的依赖程度如何?

(3)产品接受障碍。

①用户是否能接受新产品?

②你的产品是否和现有方式，现有规定，现有系统、标准、基础设施相容?

③你的产品有多复杂?

④你的产品在购买前是否可以试用?

深入考虑了这些问题后，你就能够对“外部风险”这一因素进行评级了。如果你认为这种做法有帮助，你还可以逐一对子因素进行评级，然后综合它们的等级，得出最终等级。

一旦完成对所有价值获取挑战因素的分析，就会得到综合等级。根据你的分析结果，综合等级是在“低到超级高”的范围内。综合等级将用来识别创业机会在吸引力地图上的位置。

三、在评估过程中面对的主要考虑因素

评估不同的创业机会是一个学习和验证的过程。这个过程一般从你对市场的假设开始，随着知识的积累，你对市场的了解会越来越多、越来越深刻。如果想验证一个创业机会是否真实存在，你需要对假设进行验证。另外，即使你对自己收集的关于某个创业机会的信息很有信心，对不同因素和方面进行评估也不是一件易事。在进行这项任务时，需要着重考虑以下四点。

1. 提出问题和找出答案

寻找市场相关问题的满意答案是一个复杂的过程。创业者不能完全依赖于确切的数据，还要借助常识、归纳推理和某些直觉。这个过程的有利之处在于找到正确的答案，还涉及提出正确的问题。因此，寻找答案以及在选择创业机会时你所考虑的各个因素本身就很重要。简言之，一方面我们要努力找出正确答案，另一方面也要能够提出正确的问题。

2. 绝对分析和相对分析

对创业机会集合中的单个机会应该进行独立评级还是相互比较之后再进行评级？答案是两种方式相结合。建议你开始评估一个创业机会时先把它看作独立个体，用绝对的方式对其进行评级，之后拓宽思路，与其他机会选项相比，确定这一机会应得到怎样的等级，然后在必要时，对绝对等级进行调整。

3. 快速简单的分析和详细全面的分析

评估过程的第一步是对某个创业机会做出假设，你可以根据这些假设对创业机会做出“快速简单”的评估。这种方式适用于缩小机会范围、快速淘汰一些机会选项的情况。更重要的是，你可以利用这种快速简单的评估方式找出仍需收集的关键信息，这样你才能将假设和想法转换成知识。在采取任何行动前，一定要进行详细全面的分析，将这个意义重大的决策放在可靠评估的基础上制订。

4. 短期和长期

不同因素的等级结果可能会取决于在此过程中你选择的时间范围。短期或长期的

观点会导致不同的等级结果，因为评级范围会随时间发生一定变化。合适的时间范围在很大程度上取决于你设定的创业目标：你是想建立一个大型企业，还是倾向于能够快速退出的企业。不管你是采取短期的还是长期的策略，在评估创业机会集合中的所有机会时，一定要采用一致的方式。

四、结果：吸引力地图

完成对创业机会集合中所有机会的评估后，把它们放到吸引力地图（见图 4-9）上，详细了解每个机会选项及整个集合。利用吸引力地图，你可以从视觉上对创业机会进行直观的评估，更好地掌握它们的优劣势，并对其进行比较。视觉化的方式有助于你在一定时间内识别出最具吸引力的机会选项，从而有助于你对主要的创业机会做出明智的决策。

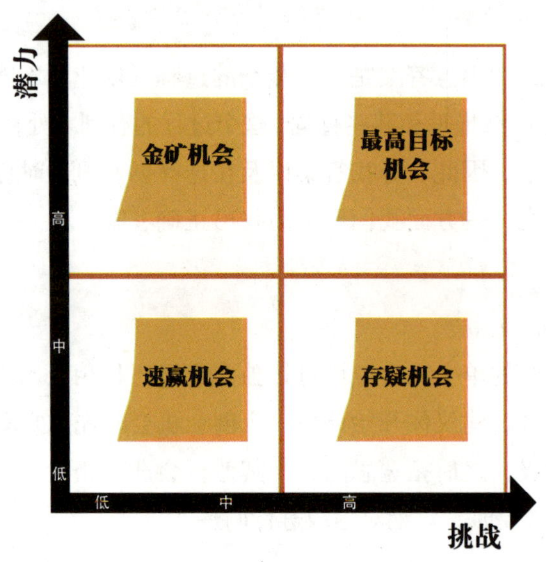

图 4-9　吸引力地图

1. 金矿机会

金矿机会具有相对较大的价值创造潜力和较小的价值获取挑战。这个区域的创业机会通常是识别出大量未被满足的需求的结果——在此之前从来没有人去解决这种需求，或者你可能拥有攻克某个难关的独特技术，而其他人不具备这个技术。

2. 最高目标机会

最高目标机会具有相对较大的价值创造潜力和较大的价值获取挑战。通常真正创新的产品/服务都位于吸引力地图的这个区域，也就是高风险、高回报并存。最高目标选项可以作为你的主要创业机会选项或长期的发展机会选项。

3. 速赢机会

在这个区域里，创业机会具有相对较小的价值创造潜力和较小的价值获取挑战。在风险—收益模式里，它们代表了低风险/低收益的机会选项，它们相对安全地提供了有限的价值创造潜力。这些选项可以为你提供一个非常漂亮的开头，但需要结合其他机会来增强企业的长期发展潜力。很多创新型企业创立时，短期内都会对准这样的速赢机会，以此作为未来最高目标机会的垫脚石。

4. 存疑机会

存疑机会具有相对较小的价值创造潜力和较大的价值获取挑战。这是吸引力地图里最不理想的一块区域。在其他三块区域里找到目标创业机会对你来说更有利，你可以先搁置存疑的创业机会，因为条件会随时间发生变化，这类机会在未来某个时间也可能变得更具吸引力。

很多企业项目失败就是因为选择了存疑机会，而且大多数情况下它们都没有意识到这一点。研究表明，它们努力创造出的产品没有或只有较少的需求，不具备足够吸引力的价值主张或市场规模有限。这就是低潜力和高挑战创业机会的特征。事实上，在美国创投研究机构CB Insights对101个创业失败企业进行的一项事后分析中，排名第一的失败原因（占比42%）就是新创企业旨在解决有趣的问题，而非市场需求的问题。

本章知识图谱

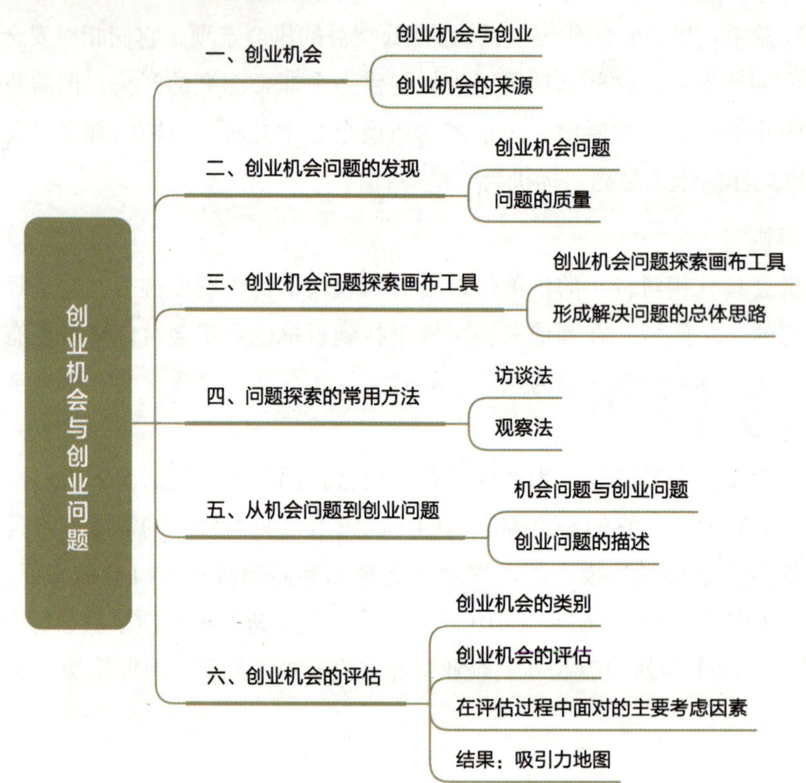
创业机会与创业问题
一、创业机会
创业机会与创业
创业机会的来源
二、创业机会问题的发现
创业机会问题
问题的质量
三、创业机会问题探索画布工具
创业机会问题探索画布工具
形成解决问题的总体思路
四、问题探索的常用方法
访谈法
观察法
五、从机会问题到创业问题
机会问题与创业问题
创业问题的描述
六、创业机会的评估
创业机会的类别
创业机会的评估
在评估过程中面对的主要考虑因素
结果：吸引力地图

本章综合行动学习练习

利用本章所学，请对意向项目的创业机会问题进行探索，并清晰定义出要解决的创业问题，同时对其对应的创业机会进行评估，并做出选择。如果可以，最好选择两个创业问题进行比较。

第一步：利用创业机会问题探索画布工具进行问题探索。

探索后发现的创业机会有哪些？

第二步：选择其中 1~2 个问题作为创业问题。

创业问题初步选择结果：

第三步：具体描述所选择的创业问题。

第四步：描述创业问题对应的创业机会。

第五步：评估创业机会。

第六步：选择创业机会。

第五章

解决方案与创业构思

我们一定会问创业者做出了什么，又为什么要做这个。被问到这些问题时，回答得越简洁，评价就越高。相反，若迟迟回答不出答案的话，创业后很有可能会出现问题。

——山姆·奥尔特曼

苹果公司有两个目标，一方面是实现盈利，另一方面是制造最优秀的产品。我们曾经一度偏离了这些目标，公司的低谷也正是这一小小的偏离导致的。我重返苹果公司的第一件事，就是找回它的追求和信念。

——乔布斯

学习目标

1. 能够对创业问题解决方案的质量进行评价。
2. 能进行创业解决方案的宏观、中观和微观的一体化设计。
3. 能利用原型设计测试问题解决方案设计效果。
4. 能初步进行创业构思四要素的可视化设计。

本章重点

1. 创业问题解决方案的设计。
2. 解决方案原型的设计与测试。
3. 创业项目的构思。

第一节　优秀创业解决方案的标准

当着手规划业务的时候，一定要在心里问自己，你的产品和服务问世之后，是否有相应的市场。换句话说，消费者需要这些产品和服务吗？消费者想要这些东西吗？

——马克·格鲁伯，莎朗·塔尔

虽然世界上有许多创业构想，但我们要把焦点放在问题质量较高、解决方案质量也较高的构想上。只有同时满足这两个条件的构想，才有可能在市场上发挥出它的价值。除了找错问题，还有一类错误是做错解决方案。任何一个刚需，都有很多种解决方案，但并非每一种方案都有效且合理。解决方案的设计既要基于对创业问题整体和细节的理解和把控，也要从创业机会的视角去选择和设计解决方案。

高质量的创业解决方案要同时具有能有效满足顾客的需求、在技术上具有创新竞争优势以及在商业上具有可实现性三个特征（见图 5–1）。

（1）需求满足性：指的是解决方案的实施过程和成果输出都需要紧扣需求实际，甚至超过顾客预期的需求。满足顾客需求的有效程度是评价解决方案质量的首要要求。

（2）技术创新性：指的是满足需求的方式和手段具有创新性和领先性，与现有的解决方案和替代方案相比，具有很大的竞争优势。

（3）商业可行性：从商业的视角，在需求和供应两端的实现都具有现实的基础和条件，保证在商业上的可持续性。

如果只有需求的满足和技术的创新，无法实现商业上的可行，那么解决方案缺少可持续实施的基础，往往处于概念上可行的阶段。如果只有技术的创新和商业上的可行，缺少顾客需求的支撑，那么解决方案是无源之水，缺少立足的根基。如果只有需求的满足和商业上的可行，缺少技术创新的支撑，那么解决方案往往会陷于同质化的竞争。

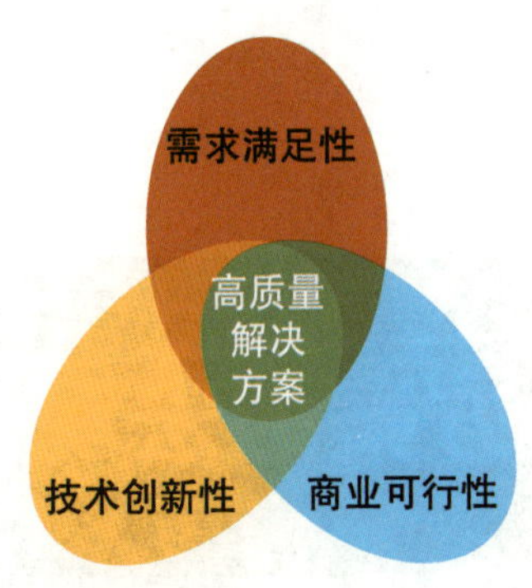

图 5-1　高质量创业解决方案的特征

行动学习小任务 1

寻找一个失败的创业案例，尝试从需求满足性、技术创新性和商业可行性三个方面综合分析该项目提供的问题解决方案的质量。

创业项目简述：

解决方案简述：

需求满足性	
技术创新性	
商业可行性	
失败原因分析	

任务完成价值

通过本任务的完成，可以体验到导致产品或服务创业失败的三个关键原因是如何在现实中起作用的。

第二节 解决方案的宏观设计

一个复杂的运转系统一定是从一个简单的运转系统发展起来的。

——约翰·高尔

在创业实践中，解决方案的最终确立会经历一个从创业者的意向设计到调整修正甚至迭代颠覆的过程。初始的设计质量对于加速创业的成功影响很大。创业问题解决方案的设计需要经历一个从宏观到微观的过程，即需要创业者从因、道、术三个层面系统地、有逻辑地进行从整体到细节的把控。如果把解决方案的设计比作一栋住宅的设计，那么宏观设计好比建筑的效果设计，设计成果是效果设计图，包括根据客户需求、环境条件、主管部门的设计要求和投资预算等因素确立住宅的外观设计风格、结构、特色等。中观设计好比是在此基础上进行建筑结构施工图的设计，包括确定具体的框架结构、内部造型等。微观设计就是在宏观设计和中观设计的基础上，进行各种细节的设计，包括功能布局、装饰风格、材料、家具等的设计。这样从宏观到微观的体系化设计，能够很好地保证方案落地实施的一致性和连贯性。

一、解决方案的宏观设计的内涵

解决方案的宏观设计是指要确立方案设计总体追求的效果、效果追求实现的要点以及难点。总体追求效果的设计体现创业者基于对创业问题的洞察和创业机会的研判，预设达成的效果目标，是引领创业的指挥棒。效果追求实现的要点设计体现创业者对关键要素和环节的研判，有利于创业资源的合理投入和分配。方案难点的设计体现创业者对可能出现的难点、堵点和不可控点的理解和把握，有利于创业风险的预估和困难出现时的应对。宏观设计的完成有助于创业者形成对解决方案实施预估的心理预期和感觉，所以解决方案的宏观设计是创业感觉的设计，就像建筑师拿到建筑设计效果图之后，就会形成对施工过程的一种研判。

解决方案的宏观设计主要包括设计效果、设计要点和实现难点三个方面的确定。

（1）设计效果的确定。基于创业问题的探索学习和创业机会吸引力的评估，确定意向解决方案要达到的目标效果。追求的效果要站在用户的角度进行描述，比如“用户希望/追求/避免……”。效果描述越具体越有利于启发解决策略的设计，解决策略也更具体更有针对性。

（2）设计要点的确定。基于追求的设计效果和创业机会开发面临的挑战，明确解决方案重点需要设计的要素和内容。设计要点对应着解决方案中的关键环节。要点的明确有利于创业者合理地分配创业资源，抓住关键要领。

（3）实现难点的确定。明确制约方案实施或实现的难点有哪些，以引导团队思考如何去跨越这些难点，从而提高解决方案的创新性和竞争优势。

二、宏观设计与创业问题探索的对应关系

设计效果的确定与创业问题探索之间的关系见表 5-1。

表 5-1　设计效果的确定与创业问题探索之间的关系

问题要素	对设计效果的确定的影响
谁的问题	系统全面和有主次的分析有利于形成相关方需求的综合效果追求
发生情境	明确效果实现的场景条件
问题的组成	明确效果的达成需要从哪些方面努力
问题的过去 / 现在 / 未来	为效果的设计提供现实的需求依据
问题重要性、紧急性的理由	为效果的设计提供思路
问题的约束条件	为效果的实现梳理现有的条件和基础
解决关键	为效果的实现明确重点方向
解决难点	为效果的实现提供难度预估

设计要点的确定与创业问题探索之间的关系见表 5–2。

表 5–2 设计要点的确定与创业问题探索之间的关系

问题要素	对设计要点的确定的影响
谁的问题	提高要点与主要服务对象核心诉求的对应性
发生情境	将要点与场景要素紧密关联，提高设计要点的现实代表性
问题的组成	更能针对子问题设计要点，提高设计要点与问题的对应性
问题的过去 / 现在 / 未来	从对过去的总结、对现状的分析和对未来的展望中梳理出解决问题的关键点和脉络
问题重要性、紧急性的理由	基于重要性和紧急性设计要点，提高解决方案的时效性
问题的约束条件	基于约束条件设计要点，提高解决方案要点设计的可实现性
解决关键	基于解决关键设计要点，提高解决方案要点设计的指向性
解决难点	基于解决难度设计要点，提高解决方案要点设计的指向性

实现难点的确定与创业问题探索之间的关系见表 5–3。

表 5–3 实现难点的确定与创业问题探索之间的关系

问题要素	对实现难点的确定的影响
谁的问题	有利于解决方案难点克服过程中借力问题关联群体的一些资源
发生情境	有利于解决方案难点克服过程中借力场景中出现的一些要点
问题的组成	有利于解决方案难点设计的作用和价值的体现
问题的过去 / 现在 / 未来	有利于解决方案难点克服过程中的经验学习
问题重要性、紧急性的理由	有利于解决方案难点设计的时效性
问题的约束条件	有利于解决方案难点设计的现有条件和基础的确定
解决关键	有利于解决方案难点设计的关键难点的确定
解决难点	有利于解决方案难点设计的高级别难点的确定

三、可视化的宏观设计效果意图

解决方案宏观设计的效果设计、要点设计和难点设计这三要素中，效果设计是关键。效果设计体现了创业者想通过什么样的方式让目标群体得到何种程度的满意的意图，而解决方案的要点和难点设计也是基于效果追求的需要。创业者不能只将效果的实现停留在主观想象中，还需要把自己的意图通过可视化的方式表达出来，从而获得外部关联者的认可。在创业实践中，还需要通过小范围试用和测试来获得效果验证，才能开始规模化的发展。在现阶段，可以通过制作和展示宣传海报，来经济快捷地获得学习与反馈。

（一）宣传海报的制作

宣传海报（如图 5-2、图 5-3）是产品概念效果宣传图，用来表示产品或服务（问题解决方案）能给人带来的效果。在设计时，要先回答好以下问题。

（1）我们可以为对象客户解决哪些问题？满足对象客户哪些期望？

（2）我们的产品名称是什么？

（3）我们的优点是什么，让客户满意并愿意掏钱的理由是什么？

（4）我们的方案区别于竞争方案的决定性特征是什么？

海报的设计内容可以包括广告宣传语、效果实现的方式以及效果的情感化表达等元素。

图 5-2　某手机宣传海报

图 5-3　某户外露营照明灯宣传海报

（二）宣传海报的效果测试

可以通过对以下系列问题的访谈，了解测试者对宣传海报的反馈，以评估解决方案的预期效果。

（1）你第一眼看到这张海报的时候是怎样的感觉？

（2）你觉得这张海报中的产品是要解决你的什么问题？

（3）这是你理想中的产品吗？这个产品与你理想中的产品的差距在哪里？

（4）你最喜欢这个产品的什么功能？为什么？

（5）你觉得还需要增加什么功能吗？为什么？

行动学习小任务 2

为你意向的创业项目的解决方案进行宏观设计，并设计制作出宣传海报进行设计效果测试。

解决方案的宏观设计
设计效果：
设计要点：
实现难点：
效果海报：
获得的测试反馈：

任务完成价值

通过本任务的完成，可以可视化地把设计意图的效果表达出来，同时进一步细化你的概念设计。

第三节　解决方案的中观设计

你需要创造一个让客户自己探索的体验，而不是给他们展示你的产品的功能。重点是客户自己告诉你他们对于功能的想法，而不是他们听你去解释如何使用这些功能。

——卡根

解决方案的中观设计是指要确立方案实现的具体功能、各功能实现的具体要求以及功能实现的实施过程。每项功能的实现不仅需要在人力、财力、物力、资源等方面提出具体的要求，同时还需要设计功能实现的业务流程或操作流程，以及有序组织各个项目要素。中观设计的完成好比建筑师的建筑设计完成了从一个概念图到施工图的转换，明确了整个建筑物的功能结构要求、施工条件需求以及施工的流程步骤。创业者对如何解决创业问题的框架和结构变得很清晰。

宏观设计是解决“做正确的事”，中观设计就是解决“正确做事的方式”，即设计如何实现宏观设计的效果和目的。

一、中观设计的内涵

解决方案的中观设计包括方案具体功能、实现要求和实施流程三个方面（见图5-4）。方案具体功能是指基于效果的追求和设计难度的评估，确定方案具体需实现的功能有哪些，并确定主要功能和次要功能，以便更好地突出功能特色。实现要求是指确定某个具体功能的实现需要具备什么样的要求和条件，以确定需要完成的工作任务和需要投入的资源。实施流程是指现实中需经历什么样的流程或过程，才能使得功能得到发挥。

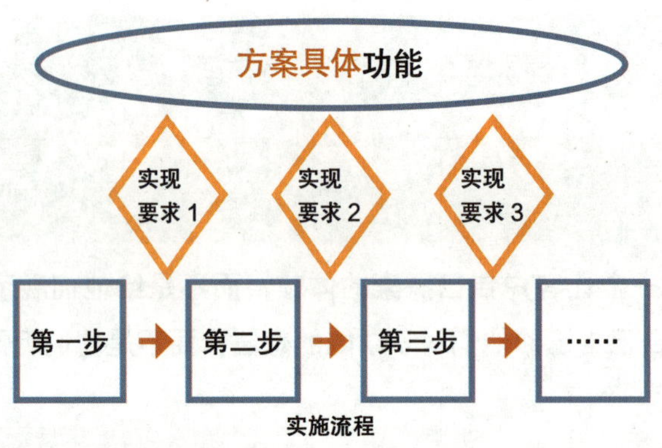

图 5-4 解决方案的中观设计示意图

二、功能的设计和验证

借助效果海报的设计和展示访谈，整理相关内容，从众多特征功能中选出“必要”的特征功能，并以此为基础开展制作产品原型的蓝图。步骤如下。

第一步，将特征功能群组化。

将头脑风暴、解决方案访谈后所得到的特征功能做成一张列表。由于各个特征功能都有自己的目的，因此可借助这些目的之间的关系，将各个特征功能群组化。我们可以用“排列卡片”的方式为特征功能分类。先将列表上的特征功能写在卡片上，通过改变卡片的排列方式，讨论该如何向顾客提出解决方案，并建立起各个特征功能间的联系。

第二步，从顾客的角度将特征功能结构化。

站在顾客的角度，试着思考顾客在使用产品的过程中，各群组中的功能应该要怎么安排，才能让顾客很快上手。把自己想象成产品的默认客户群体，思考自己会碰上什么样的状况，内心会有什么想法。使用者体验的好坏，决定了使用者能否在没有压力的状况下达成他们的目的。

第三步，明确现实中给每个群组安排的功能。

以特征功能的群组化结果为基础，让各群组的功能更为明确具体。

第四步，将特征功能填入流程图。

依据第二步与第三步的内容，将已群组化的特征功能填入流程图内。

第五步，确认有哪些核心部分需要重点测试。

把没有较好把握的关键功能要点作为重点测试内容。测试既包括功能需求和认可的测试，也包括功能实现流程合理性的测试。

第六步，获得用户对功能认可的反馈。

通过海报、视频展示、演示示范或试用体验获得用户及关联方的反馈。具体获取反馈的方法可以根据成本、测试功能的特点、测试难易度以及测试对象的代表性要求来进行选择。为了获得更全面具体的反馈信息，降低功能设计失败的风险，也可采用粗测到细测的组合式测试反馈。

第七步，持续修正功能设计直到让用户满意为止。

基于获得的有效反馈进行持续的优化功能设计。

行动学习小任务 3

利用解决方案中观设计工具和测试方法，完成项目问题解决方案的中观设计和测试。

解决方案的中观设计
方案具体功能 1： 功能实现要求： 功能实施流程：
方案具体功能 2： 功能实现要求： 功能实施流程：
方案具体功能 3： 功能实现要求： 功能实施流程：
功能测试方式：
测试反馈和优化：

任务完成价值

通过本任务的完成，可以对实现设计效果的手段、路径和方式进行可行性和认可度测试，以保证设计方向的正确性。

第四节　解决方案的微观设计

你的手机怎么静音？你怎么知道有新邮件了？怎么修改应用的设置？诸如此类的交互细节，既可以毁掉一个产品，也可以成就一个产品。

——塞弗

一、解决方案的微观设计的任务

解决方案的微观设计是指在中观功能设计的基础上，针对中观设计中各功能实现的要求和流程实施需要的条件，开展具体细节化的设计，以使得解决方案得到进一步的落实。类似于一个家装客厅的设计，需要在客厅的功能定位和风格定位的基础上，进行功能布局、材料选配、家具选配、灯光设计等一系列具体的设计。微观设计基于宏观设计和中观设计的要求，同时微观设计也是宏观设计和中观设计的效果能否实现的保障。创业者需要在宏观设计和中观设计的基础上，利用自己的资源和努力，不断创造和实现微观设计所需要的要求和条件。

二、微观设计的原型测试

若能在验证解决方式阶段便积极听取顾客的意见并以此更新、改变解决方案的假设，花费的时间和人力资源会少得多。换句话说，如果能在这个阶段仔细倾听顾客的意见，新创事业的成功率也能大幅提升。建构产品原型是进行微观设计测试的主要方法。制作产品原型有以下优点。

1. 让团队成员对于产品的想法高度同步

新创事业由许多不同背景的人组成，包括设计师、工程师、业务员等。制作出产品原型后，可以让团队成员有一个具体的依据来讨论彼此的想法，能大幅提升作业效率。可以的话，最好在这个阶段让预设的顾客加入讨论。

2. 抓住顾客的潜在需求

思考如何解决自己的问题并不是顾客的工作。他们并不擅长将自己潜在的问题转化为具体的语言，也没有足够的想象力想象产品应有的样子。但如果将产品摆在顾客的面前，就能够扩大他们的想象。

如果能让默认顾客参与制作产品原型的过程，或许能够推导出之前在没有产品原型的状态下进行访谈时所未发现的潜在需求。顾客可能会提出像是“在我实际用了这个产品之后才想到，要是有……功能的话，应该会更好用”这样的意见。

3. 验证多种模式

将产品拿给用户看，当场得到反馈，可以马上修正轨道，以很快的速度完成调查，因此可在短期内验证多种模式。制作产品原型时，不应花太多时间在细节处理上。为了能迅速且有弹性地修正产品，只要让产品拥有最低限度的功能就可以了。

4. 提升团队成员的动力

如果团队成员都能动起手来，把测试产品原型当成“自己的事”看待，彼此交换意见的话，将大大提升团队的主体性。

拓展学习 1

原型的类型

原型大致可以分为三类：低保真原型、高保真原型和可交互原型。下面以手机移动端的网页设计为例进行说明。

1. 低保真原型

低保真原型是高保真原型的雏形，一般是在产品架构还不清晰的情况下产出的产品原型，产品还需要不断地设计迭代，设计成本较低。低保真原型可以理解为抽象概念的具象化，即将个人脑海中的想法思路，变成一种可见、可讨论的实体形态。低保真原型虽然是线框图，但是依然能够清晰地表达系统每个功能的业务逻辑、流程节点、功能点、页面布局、页面元素等。

2. 高保真原型

高保真原型又被称为产品的演示（Demo），这种原型除了没有后台数据交互外，完全可以模拟出真机静态演示效果，界面的所有功能、所有设计、所有状态反馈等，都可以在这个原型中进行表现和传达。唯一的不足之处就是这类原型都是静态的，没有任何动效的，也就是说按钮就是按钮，你点按钮是没有任何反应的。

高保真原型设计稿，不仅需要将页面布局、功能展示进行更细致的表现，还需要对色彩风格、图标风格、文本样式、间距等进行更高质量的输出。一个高质量的高保真原型，是产品最终的静态可视化成果，也是前端、后端开发以及测试人员开发验收的重要标准之一。

3. 可交互原型

可交互原型顾名思义就是原型图支持用户的交互操作，通过每一次滑动、点击的操作，可以为用户展示不同的交互效果。高质量的可交互原型，能够100%模拟出真机的实际操作，包括登录、注册、查询、报价、下单等，通过真机模拟来让测试者真实感受产品。

拓展学习 2

原型的常见形式

1. 草图

草图是你可以使用的最早的原型形式之一。它只需要很少的努力，并且不需要依靠高超的绘画技巧来证明它是有用的，这就是它的便捷性所在。使用草图来阐述你的想法，并将它应用到现实世界中——即使是最简单和最粗糙的草图也能轻松实现这一点。为你的概念画一个简单的草图，这样它就不会只存在于你的脑海中，你就可以与你的队友分享这些概念，以便进一步讨论和构思。

2. 故事板

讲故事是通过用户体验指导人们的一种很好的方式。故事板是一种源自电影行业的技术，你可以将它用于早期的原型设计，从而使你能够可视化用户将如何体验一个问题或产品。当你绘制故事板时，试着想象完整的用户体验，然后用一系列的图片或草图来捕捉它。

故事板作为一种原型形式，能确保我们足够了解我们的用户（否则很难勾画一个故事板），并让我们记住我们正在设计的解决方案的情境。它有助于与用户共情，并产生高层次的想法和讨论。然而，故事板对于微调产品的细节并不是很有用，因为这些绘图在本质上更具有宏观性。

3.乐高原型

作为一个设计师，你可以利用乐高的普遍性和通用性来创建体现你想法的快速、简单的原型。使用乐高来构建原型的最大好处是，它们很容易被拆卸和调整。简单地分离你的乐高原型的一部分，用另一种设计重组并测试它的存在是否合理。

4.角色扮演

角色扮演或体验式原型，是一种允许你的设计团队在你的物理目标系统中探索场景的方法。我们可以充分利用角色扮演来捕捉和表达用户在使用产品或服务时的情感体验。你也可以通过模拟用户的体验来获得对他们的真实感受的理解。通过重现你试图改进的场景和情形，你的团队可以更好地了解用户的实际感受，并将主要精力用于需要改进的地方。当你亲身体验时，你也可以更生动地记住这种体验，而不仅仅是在故事板上把它画出来。

5.物理模型

当最终结果是一个物理产品时，你可以使用多种材料来构建用于测试的模型。你可以使用粗糙的材料，如纸、硬纸板、黏土或泡沫，也可以重新利用你周围现有的物体来建立物理模型。物理模型的目的是把一个无形的想法或二维草图，带入一个物理的、三维的层面。这可以进行更好的用户测试，并且可以引发关于解决方案的形式因素的讨论。

6.绿野仙踪原型

绿野仙踪原型是带有假装功能的原型。例如，用工作人员代替算法或软件代码与用户交流，而用户相信他们是在与后者交流，就像《绿野仙踪》故事中的奥兹巫师在幕后制造出虚拟的外观一样。这样测试你的用户可以节省时间和资源。绿野仙踪原型的最常见的例子是一个数字系统的原型，即用户被“欺骗”认为系统响应是由计算机驱动的，而实际上它们是由人控制的。比如在一个虚拟助理软件中，由一个人在另一台电脑上工作，输入回答。值得注意的是，作为设计师，我们在这样做的时候是在合法界限之内的，不涉及不道德的事情。

三、制作最初的纸上原型

虽然都叫产品原型，但由于制作工具以及实际可用性的不同，可分为可以进行体验试用的样品模型、体现设计效果的视觉模型以及仅用纸张手写制作的纸上原型等不同成熟度阶段的模型中。在上述三种模型中，越先提到的产品原型在细节上的正确性越高，但制作所需的时间也越长。新创事业在初创立时，制作纸上原型便已足够。虽然产品功能的重现性低，但可以用非常快的速度制作完成。以下是制作纸上原型的重点。

1. 制作多个产品模型

制作模型的速度很快，代表可以制作许多版本的产品原型。在原型的阶段，没有必要限制构想的适用范围。要是觉得目前的产品原型不够好，就继续努力做出自己满意的产品。

2. 保持速度感与拟真度的平衡

即使团队能够迅速做出一个纸上原型，但如果这个原型没办法让顾客感受到自己在使用一个产品，也不会对这个产品有印象，团队在访谈顾客的时候也无法获得充分的访谈内容。因此在制作产品原型时，也需要考虑到产品原型的拟真度。

3. 全体团队成员一起制作

在初次或第二次制作产品原型时，最好让所有团队成员一起在白板上贴便利贴，大家一起头脑风暴。拥有不同背景的团队成员，输出不同的想法并论证对错。这正是创业的妙趣，也是新创事业的活力所在。

拓展学习 3

纸质模型数字化设计的工具介绍

现在可以借助一些专业软件，把纸质模型数字化，提高原型的保真度。下面介绍三种主流的原型设计工具。

1.墨刀

墨刀（见图5-5）是一款高效的在线原型设计工具，可快速构建产品原型，新上线的设计工具也可以满足UI设计师进行界面设计的要求。除了原型工具和设计工具，墨刀还上线了流程图工具和思维导图工具，可以满足不同客户的需求。墨刀工具有如下特色。

图5-5 墨刀

（1）支持实时协同，多人在线协作，多种交互设计。

（2）多种交互手势，让你的设计动起来。

（3）原型、设计、流程图、思维导图四合一，无须频繁切换工具。

（4）简单的拖曳，就能快速完成原型设计。

（5）支持实时预览、标注，让设计和开发无缝衔接，提高效率。

墨刀还拥有丰富强大的素材库，能够进行自动标注，轻松解决设计与开发的沟通难题，支持导入Sketch、Axure文件，支持导出apk类型文件，并进行产品的使用模拟。

2.Axure RP

Axure RP（见图5-6）是一款专业的产品原型设计工具，可快速完成产品或Web线框图、流程图及原型设计。支持动态面板和复用模板，可输出HTML原型。由于功能过于复杂庞大，对新手要求较高，一般需要导入第三方素材库进行设计，需花费不少的时间。

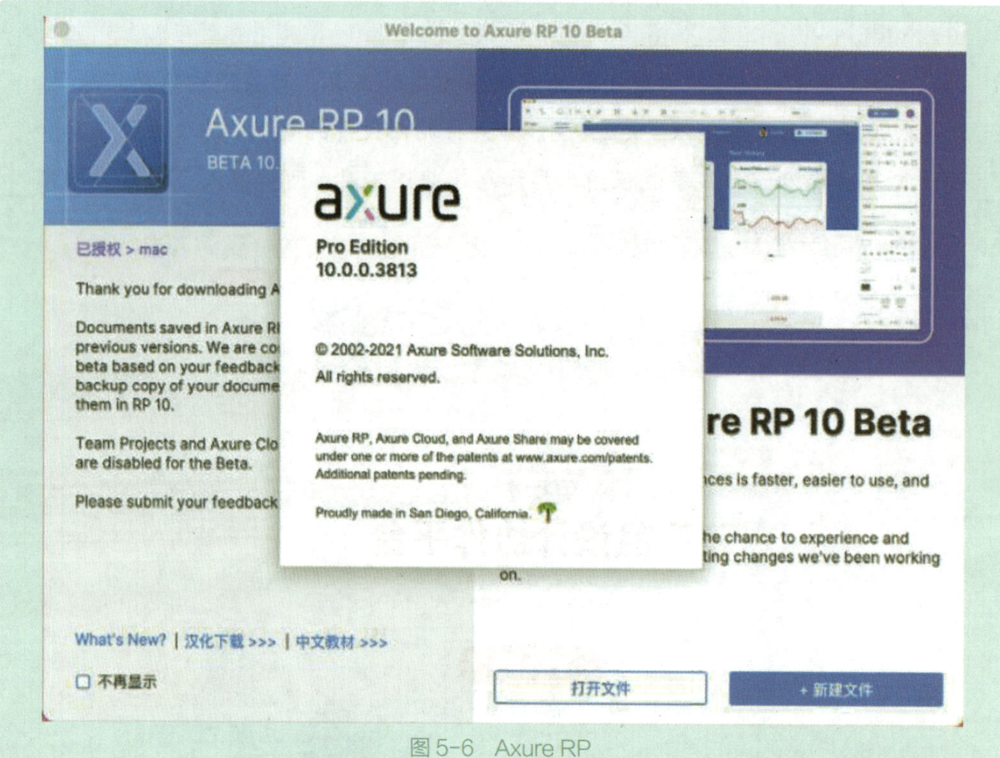

图 5-6　Axure RP

3.InVision Studio

InVision Studio（见图 5-7）是一款产品原型设计软件，支持页面交互、命令交互、状态交互等多种交互触发方式。同时，你也可以轻松管理公司的设计规范和资源。但是InVision Studio是英文版，所以对用户的英文水平有要求。

图 5-7　InVision Studio

四、原型测试访谈

完成测试原型设计后，可以再次邀请在“解决顾客问题”阶段中回答需求问题的顾客接受采访，而且准备的产品原型可以不止一个。为了比较不同产品的评价，应在访谈时至少准备两个产品原型。

访谈时与先前一样，不要只顾着自己讲话，而是要尽可能让受访者讲话。

产品访谈时的问题清单：

（1）您认为这是做什么用的？

（2）您用了感觉会有什么效果？

（3）您觉得哪些设计让您很满意？

（4）您认为哪些地方的设计需要改进？

（5）您愿意花多少预算来购买该产品？

（6）现在可以预订该产品，您会选择预订吗？

在反复进行产品原型的制作以及访谈后，为判断是否达成验证解决方案的目的（解决方案适用于欲解决的问题），需要针对目前的解决方案向自己提问，只有满足这些提问中的条件，才能进入下一个阶段。

用来判断是否达成“验证解决方案”的提问如下。

（1）顾客能够清楚地说出为什么会选择用这种解决方案吗？（能够清楚地说出这种解决方案所提供的吸引人的地方吗？）

（2）有办法筛选出仅拥有最低限度的功能且能够解决这个问题的方案吗？（有办法筛选掉可有可无的功能，只留下必要功能吗？）

（3）顾客有办法将暂时性使用者体验、预期性使用者体验、故事性使用者体验、累积性使用者体验等的期待语言化吗？（如果不再使用这项产品，用户能说出理由吗？）

如果验证之后，基于自己所建立的解决方案假说所制作出来的产品原型，并没有办法解决顾客的问题的话，就必须再一次回到对问题的探索上，看是否在问题理解上出了偏差，然后重新修正问题认识，重新进行宏观、中观和微观层面的解决方案设计以及测试，将在每一次循环中所学到的东西反映在产品原型上，再进入下一次循环（见图 5–8）。

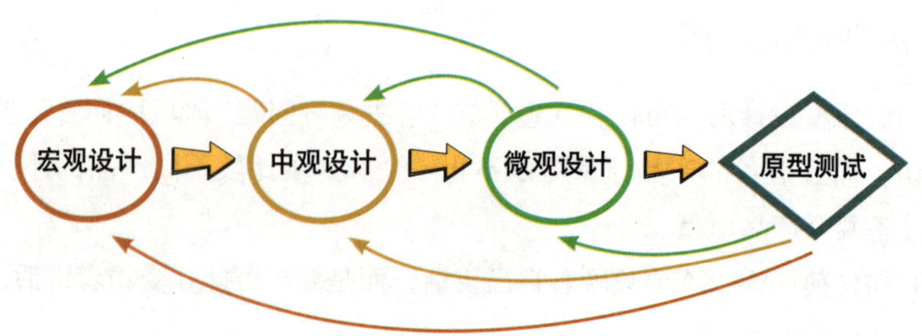

图 5-8　原型测试反馈循环设计图

行动学习小任务 4

针对意向创业项目，尽你所能完成具有较好保真度的第一代产品原型的设计。如果你有不同的产品方案，可以分别为不同方案设计产品原型并进行测试。

原型设计描述	人员分工	测试反馈	迭代优化

任务完成价值

通过本任务的完成，可以完整体验一次原型设计的过程以及如何利用原型测试来获得更有现实价值的效果反馈。

第五节 创业构思

无论你是想设计一款颠覆性的新产品，创办一家企业，还是拯救已有的生意，有的放矢的方法将提高你成功的概率。

——保罗·阿尔斯特伦

一、创业的构思

在完成创业问题探索和解决方案设计之后，创业者就可以站在创业的视角进行项目的创业构思，以完成从创意到创业的转换（见图 5-9）。创业构思是指通过对某个创业想法创业要素的结构化思考，形成对创业项目关键要素的认知，用于进一步指导创业想法的完善与细化。对于通过解决问题创造创业机会的创业活动来说，问题的解决方案是创业项目要素设计的关键依据。

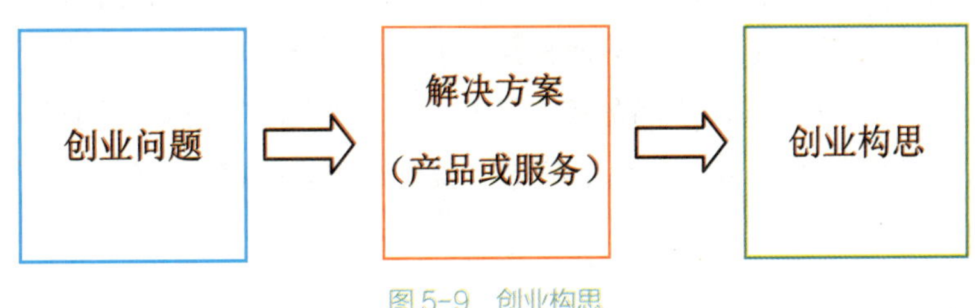

图 5-9 创业构思

二、创业的构思要素

一个创业项目的构思，有四个核心要素。

1. 产品要素

产品要素是指要确定意向的创业项目将提供怎样的产品（包括服务）。产品的提供往往是解决创业问题的核心手段和方式，寄托着创业者解决创业问题的想法以及追求的目标。产品的构思结果会形成产品概念。

产品的整体概念（见图 5-10）包含三个层次：核心产品、有形产品和附加产品。

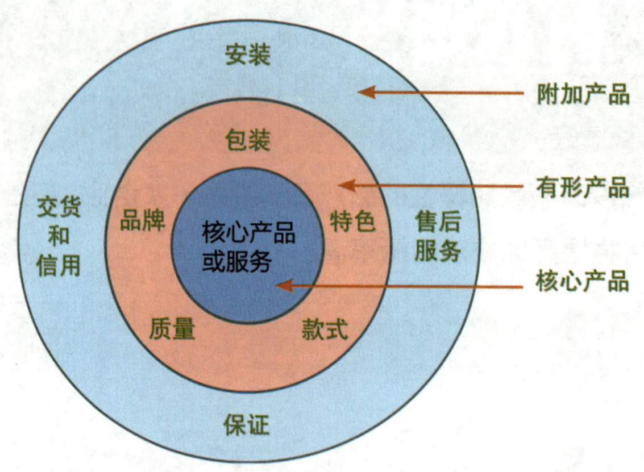

图 5-10　产品整体概念示意图

（1）核心产品。这是产品最基本的层次，是满足顾客需要的核心内容，即顾客要购买的实质性的东西。例如，食品的核心是满足充饥和营养的需要等。

（2）有形产品。这是整体产品的第二个层次。企业的设计和生产人员将核心产品转变为有形物品，方便提供给顾客，在这个层次上的产品就是有形产品，即满足顾客需要的各种具体形式的产品。有形产品一般应具有以下五个方面的内容：质量、特色、款式、品牌、包装。如果有形产品是某种服务，也应具有类似特征。

（3）附加产品。这是整体产品的第三个层次，指顾客在购买产品时所得到的附加服务或利益，如提供信贷、免费送货、安装、保养、退换等售后服务。

2. 顾客要素

顾客要素是指要确定产品主要意向满足需求的群体。顾客要素也是一个整体概念，不仅包括主要服务的对象，同时还包含与产品需求决策相关的群体。也就是说产品在整体设计时，不仅要考虑核心顾客的需求，还要兼顾关联者的需求。在这里需要创业者进一步明确核心顾客的特征，便于有效识别目标客户。我们可以借用顾客画像（如图 5-11）来描述对核心顾客的理解。

●顾客画像的要素

1. 个人属性：
一般会包含一些个人基本信息以及家庭、工作、生活环境描述等。

2. 行为属性：
客户想要通过产品达到什么目的，消费了多少钱，以及顾客属于待开发客户、新客户、老客户还是 VIP 客户等。

3. 社交属性：
在群体里属于有影响力的大 V，还是属于跟随者等。

图 5-11　顾客画像示意图

3. 销售要素

销售要素是指要确定产品的推广销售方式，也就是顾客获取产品的手段和路径。销售要素的构思重点要解决两个问题：一是让顾客知道产品，也就是营销推广的问题；二是让顾客方便获得产品，也就是销售方式和销售渠道的问题。

4. 价值要素

价值要素是指要确定顾客获得产品后能实现怎样的价值，满足其何种预期的需求。顾客购买产品的目的是获得产品为其创造的价值，从而更好地实现自己的目的。在构思价值要素时，一定要站在顾客的角度来定义产品预期能为其带来的价值，要想他人之所想，急他人之所急。价值往往是个相对的概念，顾客需要在权衡自己因获得产品而为之付出的代价的基础上，与其他替代方案进行比较，最后得到相对价值来作为购买决策的重要依据。

拓展学习 4

价值服务的类型

价值服务可以视为组织机构为客户群体提供的产品或服务利益。是否具有提供优质价值服务的能力是客户决定是否选择某个组织机构的重要原因。常见的价值服务类型有以下六种：

（1）便利性。为客户节省时间，减少麻烦。

（2）价格。省钱也是吸引客户选择特定服务的原因。

(3)设计。很多客户愿意掏钱购买出色的产品或服务设计。

(4)品牌或市场定位。让客户感到与众不同，身价倍增。

(5)成本削减。削减成本以实现收入增长。

(6)风险降低。商业客户非常重视降低风险，特别是和投资活动相关的风险。

行动学习小任务 5

利用画海报的方式，将创业构思的产品、顾客、销售和价值四要素可视化，即分别画出产品海报、顾客海报、销售海报和价值海报。

任务完成价值

通过本任务的完成，可以系统化和关联化地考虑创业项目设计的产品、顾客、销售和价值这四个核心要素，从而清晰确定创业项目设计的主架构。

本章知识图谱

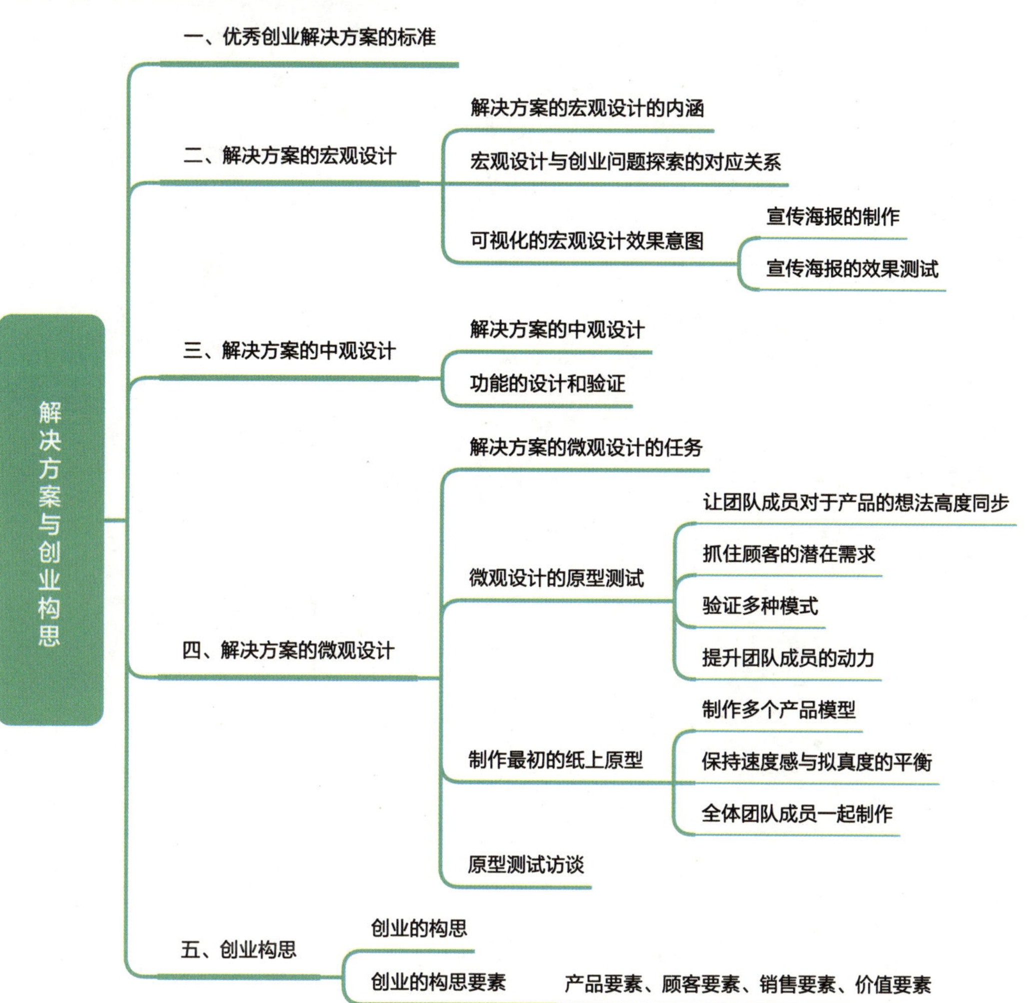

本章综合行动学习练习

请检查本章五个行动学习小任务的完成情况，请确保完成它们，这样我们离高质量的创业设计就越来越近了。

第六章

创业假设与验证

即便是有幸掌握了实现伟大创意所需资源的企业家，也需要调整自己的步伐，测试基本假设，有条不紊地消除风险。欲速则不达，着急只会浪费时间和机会。

——田所雅之

如果放弃市场确认，就等于是采用“准备、开火、瞄准”的模式创办公司。最终创业者会为此付出惨重代价。

——辛迪·阿尔瓦雷斯

学习目标

1. 能解释创业假设的存在对真实创业过程的影响。
2. 能清晰辨别创业假设出现的阶段和类型。
3. 能发现和挖掘存在的创业假设并进行提炼。
4. 能采用合适的验证方法对创业假设进行验证。
5. 能利用假设验证结果对创业策略进行调整。

本章重点

1. 创业假设的提炼。
2. 创业假设的验证。
3. 创业假设验证结果的利用。

第一节　创业的假设

假说指的是根据既有风险假设做出的自认为其属实的声明。假说要在实验前写出，实验过程中很容易就能更改实验条件让数据符合标准，但这样做你就得不到真正有价值的信息了。

——马克·格鲁伯

大多数创业项目始于一个绝佳的点子，大多数创业公司都失败了，这两者的相关度也许比你想象的高得多。问题是，绝大多数创业项目的点子都基于一些假设，创业者们认为这些点子听上去非常棒或者十分有趣，而不去考虑这些点子是否能为用户解决实际问题。这就是创业公司有必要花时间尽早验证它们的关键假设的原因。

我们把创业者理解的创业问题、创业机会、问题解决方案和创业构思统称为创业想法。创业者对创业问题的理解会诠释形成创业想法的基础依据；对创业机会的研判是形成创业想法的动力源泉；创业问题的解决方案是形成创业想法的信心保障；创业构思代表了将一般的创业想法转化为商业化的创业想法的过程，开启了创业想法进行可商业化验证的第一步。

在创业想法形成的早期阶段，创业者主要还是基于自身的主观经验和判断来进行构思，这虽然对创业构思形成的效率有利，但往往也会因个人的主观偏见忽视一些重要的假设前提而把创业想法变得过于理想化和简单化。

迅雷创始人程浩说过，你可以用自己的经验排除 90% 的不确定性，但你仍然还有 10% 的不确定性要面对，而这 10% 往往又是关键的 10%。为了尽可能保证创业想法与创业现实的吻合性，提高创业想法对创业实践指导的科学性，创业者在创业想法形成后，需要带着自我否定的观点或者借助他人的质疑来进一步挖掘和提炼出被自己忽视的否定理由，通过对这些否定理由的思考与探索来优化自己的创业想法。否定理由的存在主要是创业者在进行主观阶段的创业思考时，会忽视或预设一些假设条件，来帮助自己找到创业的通道。现实中恰恰因为这些创业假设的存在或忽视，导致创业的失败。哈佛大学的学者做过研究，导致创业失败的第一大原因是，创业者提供的产品无人问津。我们很难想象创业者花这么多时间和精力来琢磨自己的创业想法和打造自己的产品，得到的结果却是这样（见图 6–1、图 6–2）。

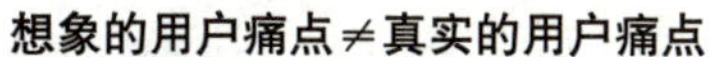

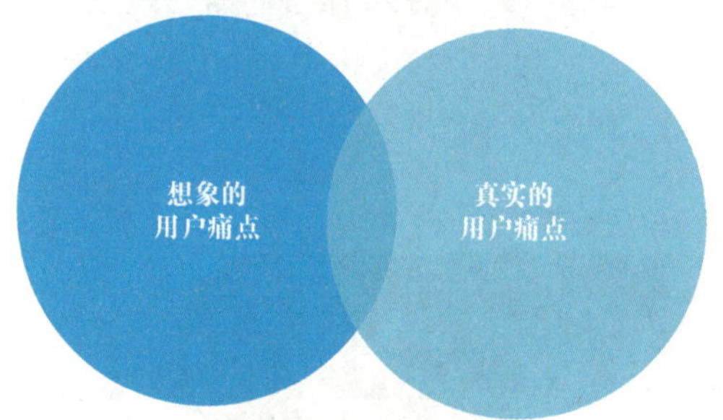

图 6–1 创业者想象的用户痛点与真实的用户痛点

想象的解决方案≠有效的解决方案

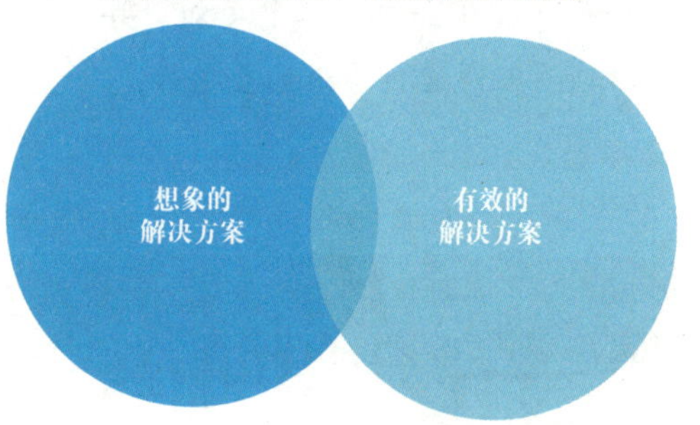

图 6–2 创业者想象的解决方案与有效的解决方案

行动学习小任务 1

试着访谈一位创业者，了解其对创业的假设在创业前和创业后的认识变化，并听取他的建议和经验。

访谈对象简介：

其在创业前对创业假设的认识：

续表

其在创业后对创业假设的认识：
创业假设的存在对实际创业的影响：
学习到的经验：

任务完成价值

通过本任务的完成，可以从已有创业经历的学习者那里感受到创业假设的存在及其在实际创业中是如何真实发挥作用和影响的。帮助自己更贴切地理解对创业假设进行验证的重要性。

第二节　创业假设的类别

关于什么对用户有益，我们会有很多猜测，但是多半都猜错了。无论你有多棒，仍然多半都是错的。

——亚当·皮索尼

创业假设是指创业者在创业想法的形成过程中利用到的一些假定前提或条件，而这些前提或条件往往未得到验证和确认，从而导致创业推理的连锁性错误。

按照创业想法形成的不同阶段，创业假设可以分为问题假设、机会假设、解决方案假设和创业构思假设（见图 6–3）。按照创业假设对创业实践的重要性，又可以分为关键假设和转型假设。关键假设是指对创业想法形成起到关键决定性作用的假设，它们对创业决策起决定性作用。创业想法的关键假设必须得到验证和确认，以尽可能保证关键决策的正确。转型假设是指在创业想法的形成过程中影响操作决策的一些假设条件。比如在销售方式上，采用以线上销售为主的方式，其背后的假设条件是顾客倾向于线上购买该产品。如果该假设条件得不到验证，事实是顾客更倾向于线下体验式购买该产品，那销售方式的设计就需要转型。类似这样的假设条件我们称为转型假设。

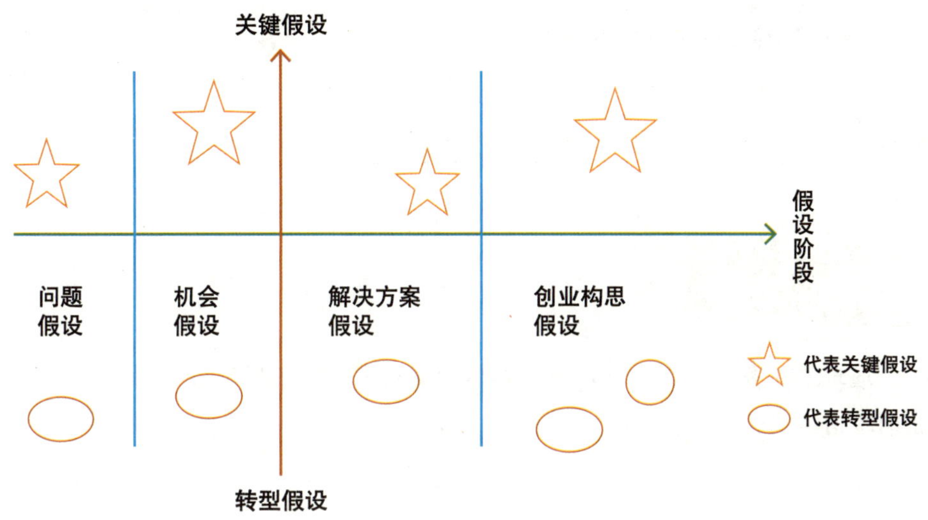

图 6-3　创业假设的假设阶段和假设类型示意图

不同阶段不同类型的创业假设对创业真实的形成会产生不同程度的影响，创业者在实现创业想法的过程中需要清晰地知道创业假设的组成情况，并大胆探索、小心求证，以尽可能避免因关键假设的研判错误带来关键决策的失误，以及因转型假设的未有效利用带来转型时机的延误和转型试错导致成本的提升。

行动学习小任务 2

继续向前面访谈过的创业者了解令其印象最深刻的一个假设是什么，然后试着分析该假设出现的阶段和类型。

创业项目简介：

续表

印象最深的一个假设：
假设出现的阶段和类型：
创业者是如何应对假设带来的不利影响的：

任务完成价值

通过本任务的完成，可以通过具体的事例来感受不同阶段的创业假设表现出的不同类型和作用。

第三节 创业假设的提炼

在创业公司内部没有“真相”存在，只有观点。

——史蒂夫·布兰克

创业想法初次形成后需要不断进行验证和调整。此阶段是在第一阶段以主观形成创业想法的基础上，对创业假设进行提炼和验证，并据此对创业想法进行修正和调整。创业假设的提炼和验证过程，也是创业者不断通过自我否定和批判实现自我成长和飞跃的过程。

一、创业问题假设的提炼

问题假设是指创业者对意向选择的创业问题在做出各种研判时所借助的一些假设条件。关键问题假设是指与“创业问题是否真实存在？”“存在的概率有多大？”“是不是一个值得通过创业的手段来进行解决的问题？”等关键问题直接相关的假设。转型问题假设是指利用创业问题画布，对创业问题的各要素进行分析后所得到的与结论相关的假设条件。这些假设条件会影响对创业问题要素的研判，从而影响后续创业要素的设计。关键创业问题及转型创业问题假设询问见表 6–1。

表 6–1　关键创业问题及转型创业问题假设询问

关键创业问题假设询问	转型创业问题假设询问
1. 是否已经默认这是一个社会伦理和法律不支持解决的问题？ 2. 这个问题是否真实存在？存在的规模有多大？ 3. 这个问题是否真的没人解决？ 4. 这个问题解决的意义和价值到底有多大？	1. 具体是谁需要解决问题？他们是解决问题的唯一关联者和决策者吗？ 2. 人们在假设的情境下是否真的有解决问题的需求？满足这个需求的方式唯一吗？ 3. 解决问题的核心和关键是你所认为的吗？

二、创业机会假设的提炼

创业机会假设是指创业者在利用创业机会的呈现形式、机会大小和机会利用点等决策要素进行研判时所借助的一些假设条件。关键创业机会假设是指与“创业机会是如何对应创业问题和创业需求的？”“创业机会的开发与利用是否处于有利时机？”“创业机会的开发利用价值如何？”等关键问题直接相关的假设。转型创业机会假设是指对创业机会进行开发利用时影响具体策略的假设条件，包括与“主要开发利用与谁有关的创业机会？”“怎样借用可真正利用的基础和资源来开发利用？”“选取的创业机会点是否真正有利于早期的创业活动？”等问题的分析结论相关的假设条件。转型创业机会假设条件会影响对创业机会进行开发利用的具体策略。关键创业机会及转型创业机会假设询问见表 6–2。

表 6–2　关键创业机会及转型创业机会假设询问

关键创业机会假设询问	转型创业机会假设询问
1. 是否很清楚创业机会的存在是基于对创业问题的具体了解和掌握？ 2. 是否认为创业机会的存在是基于真实群体的需求？ 3. 是否认为这是一个当下非常值得开发利用的机会？	1. 是否主观认定目前关注的群体是创业机会开发利用最有利的群体？ 2. 是否主观认定目前掌握的顾客需求可以延伸出这样的创业机会？ 3. 是否主观认定存在这样的机会点来实现早期的开发利用？

三、解决方案假设的提炼

解决方案假设是指创业者在做出解决方案的宏观、中观和微观设计时所借助的一些假设条件。关键解决方案假设是对各层次解决方案的目的设计、内容设计和形式设计的依据。转型解决方案假设是各层次解决方案在设计解决策略的时候依据的一些假设条件，这些假设的默认会影响具体解决手段和方式的选择。关键解决方案及转型解决方案假设询问见表 6–3。

表 6–3　关键解决方案及转型解决方案假设询问

解决方案层次	关键解决方案假设询问	转型解决方案假设询问
宏观解决方案	1. 是否很明确解决方案总体追求效果设计的理由和依据？ 2. 是否很明确解决方案的要点和难点，以及实现解决的可能性？	1. 是否主观认定了解决效果实现的重要性排序？ 2. 是否主观认定了解决方案要点和难点的表现形式？ 3. 是否主观认定了要点和难点的解决思路？
中观解决方案	1. 是否明确功能及功能实现重要性排序的依据？ 2. 是否对功能的实现需要完成的操作流程或过程很明确？ 3. 操作流程的实现应具备的条件和要求是否可以得到满足？	1. 是否主观认定功能实现所应具备的要求达成的可能性？ 2. 制订功能实现的流程和要求的依据是否主观认定？其中默认了哪些假设条件？ 3. 满足功能实现流程的某个条件和要求不满足或不具备该怎么办？
微观解决方案	微观设计是细节性的设计，一般是调整设计方案为主，基本为转型假设。	各类微观要素设计在可行性上、需求性上和技术上是否可行？需进行怎样的调整？

四、创业构思假设的提炼

创业构思假设是指创业者在梳理创业项目的产品、顾客、销售以及价值这四个要素时，从可商业化角度进行一体化系统性构思时所借助的一些假设条件。创业者如果经历了前三类的创业假设的提炼和验证，到了创业构思阶段的假设提炼的时候，大部分假设已经得到了验证和考虑，此时主要考虑商业化是否可行的一些假设条件。如果创业者未系统地梳理和验证前三类假设，在这个阶段就仍然需要进行各类假设的验证，以保证创业的科学性和合理性。关键创业构思及转型创业构思假设询问见表 6–4。

表 6-4　关键创业构思及转型创业构思假设询问

关键创业构思假设询问	转型创业构思假设询问
1. 顾客购买产品的依据和理由是不是主观认定的？ 2. 制约顾客购买产品的因素和原因是不是主观认定的？ 3. 产品带给顾客的预期价值是不是主观认定的？	1. 产品的竞争优势是不是主观认定的？ 2. 产品主要针对的消费群体是不是主观认定的？ 3. 产品的销售方式是否适合是不是主观认定的？ 4. 产品为顾客创造的价值是不是主观认定的？

行动学习小任务 3

对意向创业项目的假设进行提炼，并列出假设清单。

假设阶段	关键假设	转型假设
创业问题假设阶段		
创业机会假设阶段		
解决方案假设阶段		
创业构思假设阶段		

任务完成价值

通过本任务的完成，可以系统地从创业构思的源头开始对意向创业项目各阶段各类型的创业假设进行梳理和提炼，帮助创业者在逐一验证创业假设的过程中提高创业构思和策划的可行性。

第四节　创业假设的验证

没有什么比引入新事物、新秩序更难以推动，更难以实施，更难以预测其成功与否，因为所有旧秩序的受益者都将与你为敌，即使那些可能会适应新事物的人也表现得不是很热心。

——马基雅维利《君主论》

创业假设的验证是指创业者在假设得到提炼之后，根据假设程度和关键性的不同，采用可信、可行的方式对假设进行验证，并在验证的过程中形成创业想法的优化和策略调整。对于创业假设的提炼和验证，创业者不应视其为快速实现创业成功的绊脚石，相反，应视其为夯实创业根基的必要条件。如何在提炼出创业假设之后，高效可靠地去验证这些假设是重点要考虑的问题。

创业假设验证的常见方法有经验验证、调研验证、测试验证、实践验证四种。

（1）经验验证。创业者再次利用个人或团队的经验对假设进行研判和评估，同时也可借助于外部更富有经验的人员和专家进行咨询验证，还可通过学习他人的失败案例进行验证。

（2）调研验证。通过分析假设成立需要的条件和要求，进一步有针对性地调查研究以获得充足的证据。

（3）测试验证。通过分析假设成立需要的条件和要求，采用实际测试的方法来获得反馈。

（4）实践验证。是指在创业实践的同时，又有意识地注重对创业假设的验证，根据验证结果及时调整创业策略，也就是常说的“干中学，学中干”。

不同的验证方法，其验证的成本和验证结果的可靠性是不一样的。经验验证的成本最低，但可靠性也是最低的；实践验证的成本最高，但可靠性也是最高的。创业者需要根据假设的重要性、验证的可行性、验证的成本与时效要求以及经验的可借鉴性来综合做出评估和选择，必要时还需要通过选择组合的方法从不同角度来验证。

拓展学习

基于价值流的精益创新测试法

商业价值的最终创造对于客户来说会经历认知、感兴趣、信任、信服、期待、满意到热衷的态度的转变（见表6–5）。转变历程实现的顺利程度是可能性评估价值实现的主要依据。价值流发现工具提供了用以假设企业必须开展的活动方式，以使客户的态度从认知发展到热衷。

我们如何发现假设是否正确，我们如何衡量客户的行为，以及我们该如何决定是否将该想法转型、继续（保持）或重读（再测试），这些都需要同理心（Empathy）、实验（Experiments）和证据（Evidence）。

我们所做假设的质量好坏，与我们对自己客户的了解程度直接相关。衡量行为的结果会给我们提示，我们是否正确，是否需要更多数据。证据、实验数据、对实验数据的深入理解，以及由同理心带来的深入了解会一直累积，直到可以显示出前进的方向——从一个假设到另一个假设，从价值流发现的一个状态到另一个状态，贯穿整个商业模式。

表6–5 客户对商业价值的最终创造经历的态度转变历程

态度历程	关于客户认知情况的研判有哪些假设
认知	
感兴趣	
信任	
信服	
期待	
满意	
热衷	

行动学习小任务 4

对任务 3 完成后得到的假设清单里的假设进行验证，若暂时还没得到验证的，请标注出来，在后续的完善中再进行验证。

假设阶段	关键假设	转型假设	验证方式	验证后的应对策略
创业问题 假设阶段				
创业机会 假设阶段				
解决方案 假设阶段				
创业构思 假设阶段				

任务完成价值

通过本任务的完成，帮助自己构建一张清晰的以验证创业假设进程为主线的行动指南，以便更合理地引导自己的创业探索。

第五节　可行创业方案的获得

是否具备从错误中学习经验的能力决定着初创企业能否取得成功。

——史蒂夫·布兰克

找到用户的真实需求及准确解决方案的唯一方法，就是通过不断尝试去逼近这个方案，直到被验证。假设的验证和验证结果的利用过程就是一个不断逼近事实真相的过程（见图 6-4）。这是创业必经的过程，无论创业者是谁，创业项目是什么，并且创业项目的新颖性和创新性越强，创业假设存在的概率就越大。

如百度早期主要有三块业务：门户搜索业务、企业搜索业务、CDN 业务，最终保留的只有门户搜索业务；腾讯最初创立时，做的是 BP 寻呼系统，与今天的 QQ 无关，依靠 SP（Service Provider，电信增值服务）上市，后来有了 QQ、微信、广告、游戏；迅雷早期做的是分布式邮箱，解决邮箱容量问题，后来将业务聚焦到下载。这样的选择过程和选择结果都是经过假设的验证过程后做出的。

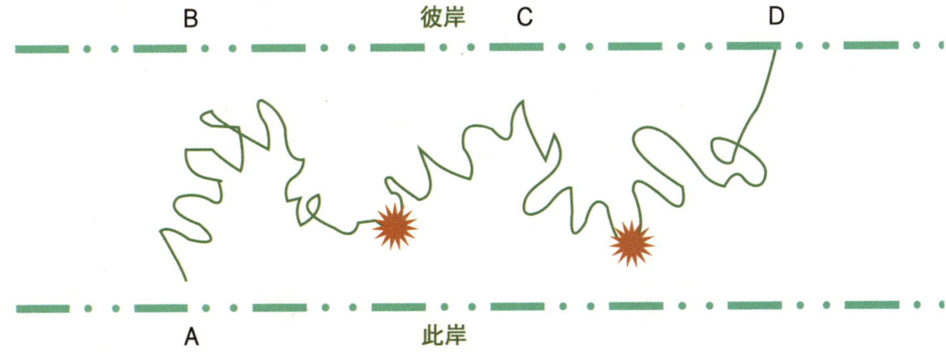

图 6-4　可行创业方案的获得

本章知识图谱

- 创业假设与验证
  - 一、创业的假设
  - 二、创业假设的类别
  - 三、创业假设的提炼
    - 创业问题假设的提炼
    - 创业机会假设的提炼
    - 解决方案假设的提炼
    - 创业构思假设的提炼
  - 四、创业假设的验证
  - 五、可行创业方案的获得

本章综合行动学习练习

验证意向创业项目的关键假设

关键假设	实际验证方式	验证结果的应用	任务负责人

验证意向创业项目的转型假设

转型假设	实际验证方式	转型结论	转型策略

第七章

商业模式的设计与测试

精益商业思维认为，我们找到用户的准确需求以及准确解决方案的唯一手段，就是通过尝试不断去逼近这个方案，直到被验证。因为这世上从来没有一蹴而就的商业模式。

——程浩

在外人眼里，很多伟大的企业似乎是从某个地方突然冒出来的。但创业者更清楚这个过程的酸甜苦辣，即便是从最初想法到创业企业的最初萌生，其中的经历也会让他们终生难忘。

——肖恩·怀斯，布拉德·菲尔德

学习目标

1. 能用自己的语言表述对商业模式的理解。
2. 能利用精益商业模式画布工具对创业项目的核心要素进行设计。
3. 能利用商业模式画布工具进行商业模式的设计和精益测试。

本章重点

1. 精益商业模式画布。
2. 商业模式画布。
3. 商业模式的精益测试。

第一节　对商业模式的理解

初创企业是一个寻找可升级、可重复和可盈利商业模式的临时组织。

——史蒂夫·布兰克

商业模式是创业者在创业项目能实现财务上维持自给自足的状态之时形成的各商业要素确定的表现内容和它们之间的关系结构。简言之就是企业维持生存的方式。商业模式描述了企业如何创造新价值、传递创造的新价值和获取价值回报的基本原理。

史蒂夫·布兰克认为，初创企业是以探索可复制、可扩散商业模式为目的的一个临时性组织。临时性组织是指初创企业并不永远是一家创业企业，要么因为失败而退出，要么成功找到客户愿意为之付费的解决方案。实现生存是实现发展的前提。

对于初学者来说，需要从三个方面来把握对商业模式的理解。

首先是对商业模式总体的理解。商业模式总体上是在回答创业项目的商业可持续性的问题。要实现商业上的可持续性，狭义上讲就是要回答好创业项目挣什么钱、如何挣钱、为什么能挣钱这三大核心问题。广义上则对应着创业项目能为客户创造什么价值、如何传递价值、如何获取自身价值这三大问题。

其次是对商业模式作用的理解。对商业模式的设计探索和实践验证，一方面有利于创业者对项目各要素的深入了解，为意向商业模式的成型确定更多的支撑点，另一方面有利于创业项目各要素的一体化设计，更好地保证各要素间的相互呼应与协同。

最后是对商业模式形成过程的理解。商业模式的形成过程与创业项目的形成过程一样，一开始起源于创业者的想法，最后成型也需经历设计—测试—验证—调整—再测试—再调整这样的过程。

拓展学习 1

关于商业模式的经典定义

商业模式阐明了一个组织是如何与外部的利益相关者联系在一起的，以及如何与这些利益相关者进行经济交换，来为这些交易伙伴创造价值。（Zott和Amit，2007）

商业模式是一种包含了一系列要素及其关系的概念性工具，用以阐明某个特定实体的商业逻辑。它描述了公司所能为客户提供的价值，以及公司的内部结构、合作伙伴网络和关系资本（Relationship Capital）等借以实现（创造、推销和交付）这一价值并产生可持续盈利收入的要素。

商业模式是指一个完整的产品、服务和信息流体系，包括每一个参与者和其在其中起到的作用，以及每一个参与者的潜在利益和相应的收益来源和方式。

商业模式是指为实现各方价值最大化，把能使企业运行的内外各要素整合起来，形成一个完整的、高效率的、具有独特核心竞争力的运行系统，并通过最好的实现形式来满足客户需求、实现各方价值（各方包括客户、员工、合作伙伴、股东等利益相关者），同时使系统达成持续盈利目标的整体解决方案。

行动学习小任务 1

分别从价值创造、价值传递和价值获取三个方面对意向创业项目的构思进行梳理。为了提高梳理的质量，你可以针对某一个值得学习的创业案例先小试牛刀，从事后归因的角度对已有的创业项目的商业模式进行梳理。

<table>
<tr><td colspan="2">创业项目简介：</td></tr>
<tr><td rowspan="3">新价值的创造</td><td>项目创造了何种价值：</td></tr>
<tr><td>价值可以被创造的理由：</td></tr>
<tr><td>创造难易程度：</td></tr>
<tr><td rowspan="3">新价值的传递</td><td>价值的接受者：</td></tr>
<tr><td>价值如何传递给接受者：</td></tr>
<tr><td>阻碍接受者获取价值的因素：</td></tr>
<tr><td rowspan="3">价值回报的获取</td><td>创业项目自身可以获得怎样的价值回报：</td></tr>
<tr><td>阻碍获得价值回报的因素：</td></tr>
<tr><td>获取价值回报的方式：</td></tr>
</table>

任务完成价值

通过本任务的完成，可以先从如何实现新价值的创造、如何传递新的价值和如何实现价值回报的获取三个方面，有层次地、递进式地、系统性地对商业模式进行整体宏观上的梳理，帮助创业设计者明确自己的创业意图。

第二节　商业模式的设计

成功的商业模式创新不仅能为客户创造价值，同时还能为公司获取价值。但就后者而言，很多商业模式都做得不够成功。

——奥利弗·加斯曼

创业企业的终极使命就是探索、测试和验证未满足的需求。所有创业企业的起点都是基于某种假设，其目标就是在迭代中成熟，直到假设得到验证。一旦商业模式得到验证，创业企业就拥有自我生存能力，因而也不再是创业企业。所以商业模式的形成和确定是一个动态的过程。商业模式的设计是一种动态的设计，通过设计将创业学习和实践中获得的经验关系化，同时又在创业实践中接受现实的检验从而实现优化和调整。

商业模式的设计可以从总体设计和具体要素设计两个环节进行。

一、总体设计

商业模式的总体设计（见表 7–1）是指通过对创业项目的价值创造逻辑的设计，来确定项目实现可持续盈利的目标。创业项目的价值创造逻辑可以狭义地理解为是挣钱盈利的逻辑，也就是盈利的理由和依据。盈利只是价值创造的一种商业化的表达方式，目的是让初学者更好地理解可衡量价值的含义。大家可以把挣钱盈利看作价值的创造，包括社会价值、经济价值和其他形式的价值。

表 7–1　商业模式的总体设计要素及示例

盈利方式	对应的经营业务	付费者	收费依据	愿意付费的依据
举例：收取配送服务费	针对市区特定范围的区域提供宅急送配送服务	网络订餐客户	按配送距离收费	参照同行做法；人工成本增加；客户自愿度高
方式 1				

续表

盈利方式	对应的经营业务	付费者	收费依据	愿意付费的依据
方式 2				
方式 3				

通过盈利方式的设计，创业者可以明确项目实现盈利的主要手段有哪些，手段的主次关系是什么，以帮助自己明确项目收入来源的主次结构。

通过对对应的经营业务的设计，创业者可以明确要实现盈利需要怎样开展对应的业务活动，以帮助自己合理地设计业务结构，分清各业务活动对盈利方式实现的不同作用。

通过对付费者和收费依据的设计，创业者可以明确真正的付费方是谁，采用的付费方式是怎样的，以帮助自己明确服务收费的理由和采用的方式是什么。

通过对付费者愿意付费的依据的确认，创业者可以明确盈利方式成立的条件是什么。一方面了解掌握项目具有盈利可能性的基础条件，为创业实践对这些条件的可利用性和如何利用建立先决认知；另一方面当觉察到挣钱的基础条件不够充分时，创业者需要为此寻找或创造更多的理由，最终围绕实现构建有竞争力的挣钱手段进行核心竞争力的打造。

二、具体要素设计

商业模式的总体设计能够帮助创业者在总体上把握商业的追求目标和实现的要求，用于指导创业的战略决策与战略选择。对于具体创业策略的指导，创业者还需要一张更清晰的作战地图，或称施工图，用于指导自己具体的创业行动。下面我们介绍一种适合早期创业项目商业模式要素的设计工具——精益商业模式画布（见表 7–2）。

表 7-2　精益商业模式画布

<table>
<tr>
<td rowspan="2">1. 问题
列出最需要解决的三个市场问题：

现存的备选解决方案（哪些现有产品可以部分解决需求）：</td>
<td>4. 解决方案
产品最重要的三个功能：</td>
<td rowspan="2">3. 独特卖点
用一句简明扼要但引人注目的话阐述为什么你的产品与众不同，值得购买：

简短宣言（宣传的一句口号）：</td>
<td>9. 门槛优势
无法被对手轻易复制或者买去的竞争优势：</td>
<td rowspan="2">2. 客户群体分类
列出你的目标客户和用户：

早期采用者/种子用户（列出你的理想客户特征）：</td>
</tr>
<tr>
<td>8. 关键指标
应该考核哪些方面：</td>
<td>5. 渠道
如何找到客户：</td>
</tr>
<tr>
<td colspan="3">7. 成本分析
争取客户所需花费：
销售产品所需花费：
网站建设所需花费：
人力资源所需花费：</td>
<td colspan="2">6. 收入分析
列出你的收入模式：
盈利模式 / 商业模式：
客户终身价值：
收入：
毛利：</td>
</tr>
</table>

1. 问题要素

对于预设的顾客来说，或许有不少问题亟待解决，这里先选出三个最重要的问题。这些问题要经过前期探索的过程和假设验证的确认。

2. 客户群要素

确定顾客是谁。填写这个部分时，应以产品的早期采用者为目标。

早期采用者对信息的敏感度较高，平时就会针对问题积极寻找替代解决方案。在一开始将产品投入市场时，能够给予反馈的人们，包含给予负面评价的人在内，就是所谓的早期采用者。若这些顾客喜欢这个产品，就会向他们周围的人推广，成为所谓的传教顾客。

举例来说，在讨论护理的解决方案时，早期采用者会是最关心护理、双亲正处于需要护理年龄的 50 多岁女性。但我们对客户群的描述不应只是“50 多岁女性”那么笼统。塑造出更具体、更有临场感的人物画像，才是这一步的重点（如图 7-1）。像是“白天得去工作，但因为担心一个人待在家里的母亲，需要时常和家里联络的 50 多岁女性”这样的描述，能让客户群变得更具体。

姓名	李琳	
年龄	25 岁	
出生地	北京	
兴趣	旅行、摄影、电影	
职业	在当地担任护士。大学毕业后在同一个医院工作 3 年。	
生活	喜欢到世界各地旅行。每年会当两次背包客，每次为期两周。十分享受旅行带来的乐趣。	
旅行习惯	旅行时会尽可能地利用在当地获得的信息，深度体验当地生活。	
IT、智能手机的使用情况	偶尔会在微博上写旅游记事。会利用微信发信息。会将摄影作品上传至小红书。会将自己拍的照片在网络上开放浏览，有 5 000 人关注这点让她有些自豪。	

图 7-1　顾客人物画像示例

拓展学习 2

使用人物画像的三个目的

产品的设计过程须以使用者为中心、以问题为中心，而非以解决方案为中心、以产品为中心。使用人物画像工具明确目标顾客有三个目的。

（1）确保自己的产品是针对特定人群提供的服务，剔除“让所有人都喜欢上这个产品”这种没什么帮助却深植于许多新创业者内心的想法。与其想着如何制作出让所有人都能接受的产品，不如先以某些特定人群为对象，想办法获得他们压倒性的支持。人物画像能够帮助我们塑造出这些顾客的样子。

（2）让团队成员共享同样的想法。

（3）即使创业团队只有三人，也会因为彼此经验与知识的差异，使每个人心中对顾客的人物画像不尽相同，有着各自的确认偏差。人物画像的建构可以具体化、可视化使用者的情况，从而减少团队内的沟通成本。

3. 独特的价值提案要素

针对问题，应思考自家公司的产品或服务能够提供什么样的独特价值。在验证问题的过程中，你会一直重写“问题”与“客户群”两栏，反复琢磨一个问题。重点是要在整理眼前已明朗化的问题的同时，寻找潜在问题并将其语言化。

已有人发现已明朗化的问题，大多已有适当的替代方案。某些问题虽然还没被任何人发现而未明朗化，但在与顾客对话的过程中，创业者可以慢慢挖掘出隐藏的需求。找出这些潜在的候选问题才是重点。

先做出一个构想的计划A，在将其更新至新的版本B、C、D的过程中，预设顾客、问题假说、默认价值提案也会不断进化。

最初的“问题”与“客户群”两栏，就是为了确定“要解决谁的、什么样的问题”。这是建立新创事业的基础。这个动作应该在创业初期就进行彻底思考。这是为了确保新创事业的问题假说与顾客实际的问题一致，也是实现“解决顾客问题”的关键。

4. 解决方案要素

利用第六章所学，形成从宏观设计到微观设计的解决方案。

5. 渠道要素

思考获取顾客的渠道。在这个阶段要试着思考如何增加与自己的目标客户群接触的机会，以及如何与他们直接对话。

6. 收益流向要素

试着写下收益模型。想象当实际的商业模式成型时，会以何种形式获得收益。此外，试着计算包括产品单价应该是多少、可服务多少顾客、顾客终身价值（从每一位顾客身上所获得的利益）是多少等问题，写下预估利益大致是多少。

7. 成本结构要素

包括顾客获得成本、流通成本、生产成本、人工成本、知识产权保护成本等。将产品进入市场前所需花费的成本列出一张清单，这对于创业初期需要花费庞大费用在设备投资上的金融科技与生物科技创业来说，是很重要的要素。

8. 主要指标要素

在新创事业达成“制作出人们想要的东西”以前，设定一个定量指标来评估事业进展。在计划阶段要找到正确的指标并不是件容易的事。戴夫·麦克卢尔所提倡的AARRR指标是一个值得推荐的泛用型指标。其中，在制作出人们想要的东西前，需要特别注重的指标为“激活”（Activation）与“留存”（Retention）两项。

拓展学习 3

海盗指标（AARRR 模型）及应用

海盗指标（Pirate Metrics），也被称为 AARRR 模型，是一种用于衡量数字产品和服务业务绩效的框架。这个模型由戴夫·麦克卢尔（Dave McClure）提出，其名称"海盗"来自"Acquisition（获取）""Activation（激活）""Retention（留存）""Revenue（收入）"和"Referral（推荐）"这五个英文单词的首字母缩写（见图 7–2）。

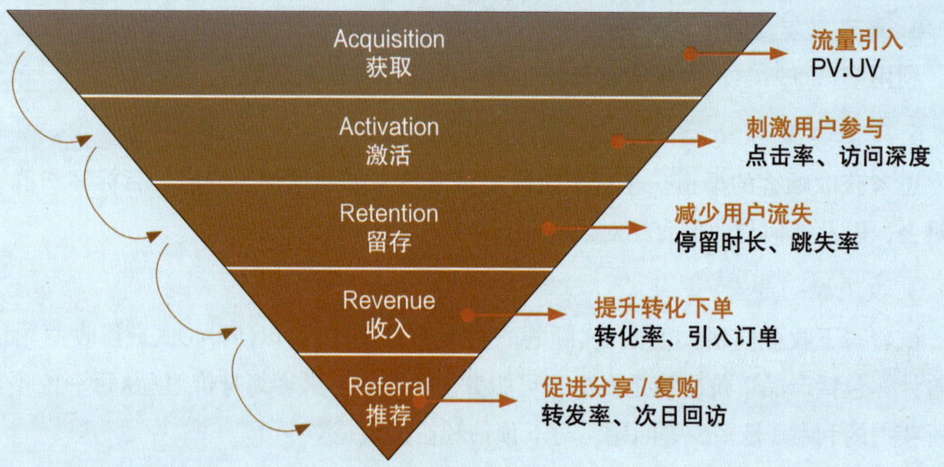

图 7–2　AARRR 模型

以下是对海盗指标各个阶段的简要解释。

（1）获取（Acquisition）：获取阶段关注的是吸引新用户，让更多的潜在用户了解你的产品或服务。在获取阶段，关注的指标包括网站访问量、广告点击量、下载量等，这些指标可以帮助衡量用户对产品的第一次接触频率和兴趣。

（2）激活（Activation）：激活阶段关注的是新用户第一次体验产品或服务后的活跃程度。关键是确保用户能够成功地使用产品，并留下积极的第一印象。在激活阶段，可以关注用户注册成功后的活跃度、产品使用率等指标。

（3）留存（Retention）：留存阶段关注的是用户的持续使用和忠诚度。提高用户留存率对于产品的长期发展至关重要。在留存阶段，可以关注用户的活跃频率、重复购买率等指标，通过不断改进产品和服务，吸引用户继续使用。

（4）收入（Revenue）：收入阶段关注的是如何将用户转化为付费客户，实现盈利。在收入阶段，需要关注转化率、平均交易金额、客户生命周期价值等指标，通过优化销售和营销策略，提高收入水平。

（5）推荐（Referral）：推荐阶段关注的是用户的口碑传播和推荐。满意的用户会成为产品的忠实推广者，通过分享和推荐向其他人介绍产品。在推荐阶段，可以关注推荐率、用户邀请他人加入的数量等指标，通过提供激励和优惠，鼓励用户进行推荐。

应用海盗指标应遵循以下五个步骤。

（1）设置明确的指标：根据产品或服务的性质，设定相应的海盗指标。确保每个阶段的指标具有可衡量性和可追踪性。

（2）数据收集和分析：通过数字化转型，收集和分析海盗指标相关的数据。借助数据分析工具，及时监测和评估产品在各个阶段的表现。

（3）优化和改进：根据海盗指标的表现，及时进行优化和改进。例如，如果发现激活率较低，可以改进产品的用户体验和导航，以提高新用户的满意度。

（4）跨部门合作：海盗指标跨越了多个业务领域，需要不同部门的紧密合作。确保各个部门对海盗指标的目标和意义有共识，共同努力实现业务目标。

（5）持续迭代：数字产品和服务的生命周期较短，市场和用户需求在不断变化。因此，持续迭代和优化是保持竞争力的关键。根据海盗指标的变化，不断调整业务策略和目标。

9. 压倒性优势要素

写下能让你在竞争中取得压倒性优势的条件。在准备将商业模式规模化时，应先聚焦在其中一个优势上，也就是说，不应盲目地规模化，要在确认自己有某些方面的压倒性优势后，再进行规模化。

如果一开始提到的三个要素，即问题要素、客户群要素、独特的价值提案要素稍微有些变动，后面的六个要素可能会有很大的改变。即使新产品发布后，这些要素也有可能持续变化。

行动学习小任务 2

请利用精益商业模式画布对你确定学习的创业项目在创业初期的商业模式进行分析，并探讨学习案例创业初期商业模式设计的合理性。之后对自己意向的创业项目的商业模式进行设计。

任务完成价值

通过本任务的完成，可以在利用精益商业模式画布对某个创业案例的商业模式进行拆解的基础上，更好地利用该工具对自己的创业项目进行精益设计。

第三节 商业模式的精益测试

每年有数以万计的创业者投身于创建新企业，但很多未能进入启动阶段，即便是新创成功的企业，也大多会遭遇失败。

——一位投资人

商业模式可以看作某个问题的整体解决方案，类似于功能性的产品测试。依据精益创业的理念，采用商业模式原型测试的方法来进行早期验证，可以快速、低成本地实现验证和优化。

一、商业模式精益测试的任务

商业模式精益测试主要有两大任务：一是验证商业模式是否成立，商业模式各要素的设计是否合理，是否符合事实真相；二是测试各方对商业模式的认可和接受程度，以评估发展空间的大小。

成功的商业模式应该能够解答三个问题：市场与行业是否有吸引力；这个机会能否为消费者带来巨大的利益，而且与其他满足消费者需求的解决方案相比，拥有更大的可持续竞争优势；团队是否有能力达成自己的预期目标并实现对他人的承诺。

二、商业模式精益测试的对象

针对创业项目，商业模式的设计可以理解为是针对某个创业机会的商业化开发利用的整体解决框架。既然是整体的系统化的结构化的设计，意味着最终确认的商业模式一定要得到各关联方的接受和认可。由于各方利益诉求的不同，商业模式在测试时需要基于被测试对象关注的利益诉求的侧重点来进行测试。常见关联对象的测试项目见表 7–3。

表 7–3 常见关联对象的测试项目

测试对象	对象描述	精益测试项目
创始人	项目的初始发起人	创业激情的激发程度； 创业困难的自我认知程度；
创业团队核心成员	项目初始的核心团队成员和后续意向引进的核心成员	创业能力的匹配度； 创业加盟意愿度；
客户	项目具有代表性的目标顾客和用户	可采用性； 认可和不认可的要点；
外部资源投入者	意向吸引资源投入和整合资源的外部机构或人员	发展空间和前景； 核心优势认可度； 对创始人和团队人员的认可度；
上下游合作者	上游的供应商、生产商以及下游的渠道商、推广商等合作商	与项目的同类竞争者相比，合作者对测试项目的比较态度； 项目核心优势的发挥是否满足合作者核心利益追求的需要； 项目的风险性；
竞争者	与项目构成竞争或替代关系的机构	对方反应； 认可度；
管理者和社会组织	政府、行业协会、社会机构等与项目有关的社会组织	支持程度； 认可程度；

三、常用的精益测试方法

精益测试的核心理念是利用尽可能体现项目本原的测试原型，采用经济便捷的测试方式来获得有效反馈和新的认知。由于测试阶段、测试对象和测试目的的不同，根据商业模型成熟度和测试成本（包括时间成本、经济成本和商业保密成本）的需要，可以组合式地采用以下五种精益测试方法，以获得多角度的测试反馈。

（一）商业演讲

商业演讲是现代企业中非常重要的一环，它不仅是展示公司形象和产品的方式，更是招商路演、寻找合作伙伴的重要途径。对于创业者来说，需要充分利用一些场合（包括正式和非正式），针对特定的人群进行自己商业想法的演说展示，以获得他人的关注和认可。通过对现场受众反应的观察和事后反馈的采集获得相应的测试反馈。商业演讲是一种高效经济便捷的精益测试方法。创业者需要通过培养自己的演讲能力和商业思维设计能力让自己成为一名商业“演说家”。借助商业演讲，获得更多人的支持和认可，从而为创业争取到良好的外部支持环境。

拓展学习 4

《像TED一样演讲》：打造顶级演讲的九个秘诀

TED是美国的一家私有的非营利性机构，以“传播一切值得传播的创意”（Ideas Worth Spreading）为宗旨。TED即Technology（技术）、Entertainment（娱乐）、Design（设计）的英文单词首字母缩写。能在TED大会上演讲的人，都是在各行各业深具影响力的人物，从诺贝尔奖获得者到杂技演员都有。它在世界范围内有很大的影响力，启发了无数人。除了演讲的内容，TED演讲者的演讲技巧也同样值得学习。

一场打动人心的演讲需要具备三大要素：情感、新奇和难忘。情感，是说要能打动观众的心灵；新奇，是说要带给他们新的信息；难忘，是说要注重演讲的方式，因为内容和形式的统一更能使得你的演讲在观众心中留下深刻的印象。

1. 释放你内心的热情

什么是热情呢？热情是某种意义深远的事物使你体验到的一种积极的、强烈的感觉。如果你缺乏热情，你的气场将被严重减弱。如果你认为你要讲述的事物本身不具有多大意义，你就不会对它抱有热情，也难以打动人心，因为热情是能够被感知的。

如果你演讲的动机是分享你的热情，你认为你所讲述的东西实实在在地对别人有帮助，你迫不及待想要告诉别人某些有用的信息，而不是想着去给别人推销某个产品、在别人心里树立良好的自我形象，那么你就不再执着于自我，你就把关注点放在了别人身上，自然就能消除紧张心理，从而达到内心的平和。

2. 掌握讲故事的艺术

思想是21世纪的货币，而故事促进了它的流通。我们天然喜欢听故事，而不喜欢干巴巴的说教。讲故事是增强说服力的首选方式。有三种类型的故事可以讲：自己的故事，别人的故事，产品或品牌的故事。

你不一定要是一个经历很丰富的人，发生在生活里的小事都可以讲，只要与主题有关，这能拉近你与观众的距离。

别人的故事可以是好朋友身上的、他给你讲的、你从某个网站上看到的。很多成功的品牌都很注重讲故事，故事里包含真实的面孔、真实的事件，通过故事建立起来的品牌更容易深入人心，广告效果自然明显。

3. 让演讲像好友交谈一样自然

乔布斯被认为是一个演讲天才，他的每一场发布会都让人印象深刻。但是你知道吗，乔布斯的演讲能力并非天生的，而是经过千锤百炼习得的。在乔布斯早期的演讲中，包括1984年在麦金塔电脑发布会上的演讲，乔布斯都表现得相当拘谨，紧靠讲桌，照着事先准备的演讲稿一字一句地读。但是，他的演讲水平在逐年提高，他的演讲风格和语言表达能力每过一段时间就会上一个台阶。原因就在于，他会为了每一次演讲练习很多很多次，最终表现得轻松自然。

你要尽可能达到这样的演讲效果：就像在餐馆里和老朋友边吃边交谈，而不是对着演讲稿逐字逐句朗读。在你没有达到这样的目标之前，大量练习。

4. 给人们一个看世界的新视角

人们不需要老掉牙的东西。如果你要讲述的是司空见惯的事物，一定要有一个全新的角度。就像TED演讲者赛斯·高汀所说的，你在路上开车时看到一头黄牛、黑牛、白牛，你还会继续开车，因为这没有什么好奇怪的，黄牛、黑牛、白牛司空见惯。但假如你看到的是一头紫牛，你的目光肯定会被它所吸引，你准会盯着它看好一会儿，甚至会停下车来拍照，迫不及待地想要跟人分享。

人们喜欢新奇的东西，你应该传递全新的信息给观众，重新整合信息，或者给观众提供一个解决老问题的新办法。

5. 设计让观众惊掉下巴的环节

在一次TED演讲上，比尔·盖茨为了阐明观点，在演讲时打开一个玻璃罐，对观众说：“马来热通过蚊子传播，我今天带了一些蚊子来，现在把它们放出来，只有穷人感染马来热是不公平的。”观众无不目瞪口呆，倍感意外。一时间，比尔·盖茨放蚊子和“只有穷人被蚊子叮咬是不公平的”的话题被各大新闻媒体争相报道，成为大家茶余饭后聊天的话题，并且很长时间后依然被人所记住。

设计让观众惊掉下巴的环节，制造演讲中的欢呼时刻，是大师级演讲的秘诀。我们在乔布斯的产品发布会上也看到了这样的例子。你不必像比尔·盖茨和乔布斯那样搞一些“大动作”，其实，一段视频、一个故事、一个演示、一位神秘嘉宾，也能达到为演讲增色不少的效果。

6. 用幽默给你的演讲加分

大脑喜欢幽默。你可以说一些让观众发笑的话，但一定不要刻意讲笑话，否则哗众取宠、适得其反。幽默是语言的润滑剂，还有人说它是智慧的最高形式。幽默可以是打趣，可以是自嘲或自黑。

有下面这些制造幽默感的方式：讲述一段趣闻，使用类比和比喻，引用别人的话制造喜剧效果，或者借助照片和视频的帮助让演讲更加有趣。

7. 严格遵守 18 分钟的时间规则

TED演讲之所以控制在18分钟内，是因为超过18分钟后，观众就会产生太多的认知积压，这很有可能令观众反感。同时，时间的限制会迫使演讲者把内容浓缩成精华，这就是很多TED演讲都很经典的原因。

有约束才能激发创造力。此外，“三的法则”和“神奇数字7”也是演讲者需要注意的点。所谓“三的法则”，是说人们能够很好地记住三项信息，如果再增加信息，记忆的效果就会大大减弱。大自然真是神奇，很多东西都是成三的，比如开普勒三大定律、牛顿三大定律、地球处于太阳系九大行星第三的位置，等等。

“神奇数字7”是说大多数人只能同时记住不超过7条信息，有人只能记住5条，厉害一些的能记住9条，也就是在7的基础上浮动2。

8. 多感官体验

解释某个想法时，图文并茂好过单纯的文字。使用图片能让人印象深刻，这就是图片优势效应。有研究表明，听到的信息，我们三天后可能只记得10%。如果听的同时还能看到一张图片，我们三天后能记住的信息量就会飙升到65%。也就是说，一张图片能帮你多记住5倍的信息。

图片只是调动了我们的视觉器官，事实上，眼耳鼻舌身意都不要偏废，最好的效果是给观众制造多感官的体验。

9. 表现最真实的自己

只有真实的东西才能打动人心。如果你在舞台上的表现跟你在现实生活中的聊天截然不同，那你就不是在做自己。不要把演讲当成一次演讲，而要把它当成一次交谈，一次需要把握的交流思想的机会。不要把两个人的聊天和 2 000 个人的会场太过割裂，只是接受你思想的人数有所不同而已。你要保持极大的热情，相信观众终将因你的思考有所改变。

你不需要成为乔布斯或者比尔·盖茨，你只需要追随你内心的声音。因为如果你不够真实，你就无法打动任何人，也无法传播你的思想。

（二）商业访谈

商业访谈，是指创业者带着自己的商业测试意图，通过上门拜访、邀约对话或沙龙的方式与意向访谈者进行深入的对话与交流。商业访谈是创业者了解他人的一种直接、有效的方式。通过深入的商业访谈，创业者可以更好地在了解他人的过去、现在和未来的情况的前提下，更好地理解对方表现出的测试反馈。同时，访谈还可以加强创业者与关联方之间的信任关系，为后续的合作奠定坚实的基础。

拓展学习 5

商业访谈的一般步骤与事项内容

1. 明确访谈目的

在开展企业访谈之前，品牌战略咨询公司会事前做好充分准备，明确访谈的目的和重点，以便在访谈过程中有的放矢，获取所需核心信息。

2. 选择合适的访谈方法

根据企业的实际需求和情况，咨询公司会选择合适的访谈方法，如小组讨论、一对一访谈等。此外，还会采用问卷调查、实地考察等方式进一步采集有效信息。

3. 制订访谈计划

在明确访谈目的和方法后，咨询公司会根据企业的实际情况制订详细的访谈计划，包括访谈时间、地点、参与人员以及问题列表等。

4. 了解企业的真实情况

在访谈过程中，咨询公司会深入了解企业的商业模式、市场竞争态势、行业发展趋势、品牌与产品情况、渠道与推广情况，以及组织管理与营销支持等关键信息，以便为企业制订更具针对性的战略营销方案。

5. 分析数据并撰写报告

在访谈结束后，咨询公司会对收集到的数据进行分析整理，提炼出关键信息点，并根据分析结果为企业撰写详细的调研报告。

在访谈结束后，要在第一时间进行访谈信息的整理与汇总。据艾宾浩斯遗忘曲线定理，人们对信息的记忆质量会随着时间的推移而大幅降低，因此拖延的时间越长，记忆的清晰度就越低，信息整理的质量就越差。所以，访谈结束后我们需要第一时间进行资料的梳理、规范与汇总，将访谈的内容进行完整、清晰的呈现。

6. 及时复访

在访谈时有些信息可能了解得不是很全面，甚至忘记访谈，因此在访谈结束发现有某些重要信息没有掌握时，就需要及时对受访人进行复访。

7. 多人访谈

家庭背景、受教育程度、生活环境的不同，造成人的价值观、人生观不尽相同，因此不同的人对同一个问题的看法可能存在差异。为确保信息的完整性、准确性，在安排人员访谈时，需要在短期内对不同岗位、区域的人员访谈相同的问题，这样可以从多个层级、角度进行验证，防止偏听偏信。

（三）产品演示

产品演示的本质在于将产品特征与优势展示出去，通过肉眼可见的方式让更多消费者购买产品。在产品推广的前期和后期，创业者通过不同成熟度的产品演示，将产品的结构与外观展示在顾客面前，让顾客了解产品的使用效果、使用方法、性能及维修保养等，让测试者在视觉、听觉、嗅觉、触觉等方面获得感知体验，从而最终获得顾客的反馈。

拓展学习 6

产品的四种演示方法：实物、图片、视频、三维

随着科技的发展、产品的多样化、沟通交流手段的日益先进，产品的演示方法发生了翻天覆地的变化。下面总结了一些产品演示方法，希望能为大家的产品找到合适的展示途径。

1. 实物演示

产品实物演示是指用真实具体的产品向顾客展示，模型展示也可归于这一类。这种方法一般在展览会上或现实的交易市场中比较多见，适用于产品实物偏小、便于携带的，需要专业的讲解人员就实物的结构、原理等细节进行讲解。

2. 图片演示

图片演示主要应用于演讲，例如PPT汇报、投标等，可结合相应的文字描述，需要讲解人员有很强的应变能力、感染力等。

3. 实拍视频演示

实拍视频演示对技术要求不高，一般用手机就能拍摄，当然有特殊要求的还是需要专业人士用专业设备来拍摄。这种产品演示方法更直观、生动，成本较低，主要用于展示产品的外观、流程等，不适合对产品内部进行展示。视频演示在时间上不是很好把控。

4. 三维动画演示

纯三维动画演示和三维结合实拍演示可归于三维动画演示。三维动画赋予产品更为直观的视觉效果，以独特的视频创意镜头方式展示产品的功能特点、细节结构、核心技术等，目前在市场上属于高端的演示方法。相对于其他三种演示方式，三维动画演示更加生动，配合解说和炫酷的创意镜头，使人更加耳目一新，印象深刻。

（四）商业模式画布

商业模式画布是指一种能够帮助创业者催生创意、降低猜测、确保他们找对了目标用户、合理解决问题的工具。在项目成型阶段的早期，我们建议采用精益商业模式

画布工具来分析和设计项目的核心要素。到了精益测试阶段，需要面向外部关联群体进行测试时，我们建议要用经典的由《商业模式新生代》的作者亚历山大·奥斯特瓦德提出的商业模式画布（Business Model Canvas）。可以这么理解，如果精益商业模式画布是适合创业内部人员使用的作战路线图，那商业模式画布是适合对外宣传和沟通的展示工具。

商业模式原型是用于讨论、调查或者验证概念目标的工具。与“可视思考”一样，原型制作同样可以让概念变得更加形象、具体，并能促进新的探索。商业模式原型可以帮助我们探索不同的方向——那些商业模式应该尝试选择的方向。使用原型来互动，更容易产生创意，有助于推动我们思考。

原型可以是画在餐桌上的草图，可以是具体到细节的商业画布，还可以是一种可以实地测试的成型的商业模式。不同程度的原型，有着不同的用途。在商业模式设计中，你可以结合实际需求设计出不同层次的原型。企业在不同的发展阶段，可以使用不同程度的原型作为辅助工具来创新商业模式。

（1）草图原型（如图 7–3）：概括并抛出一个粗略的想法，可以绘制一个简单的商业画布，使用关键元素描述这个想法。

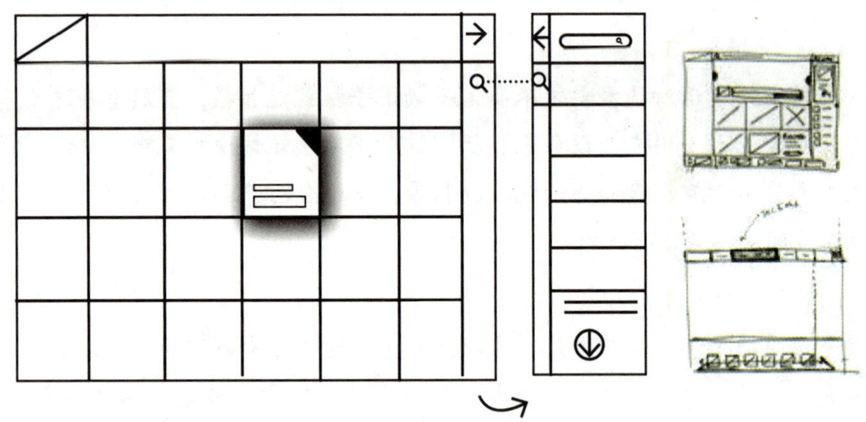

图 7–3　草图原型示例

（2）画布原型（如图 7–4）：绘制详细的商业画布，探究可以让这个商业模式正常运行所需的全部元素。充分考虑业务逻辑，评估市场潜力，理解各个模块之间的关系。

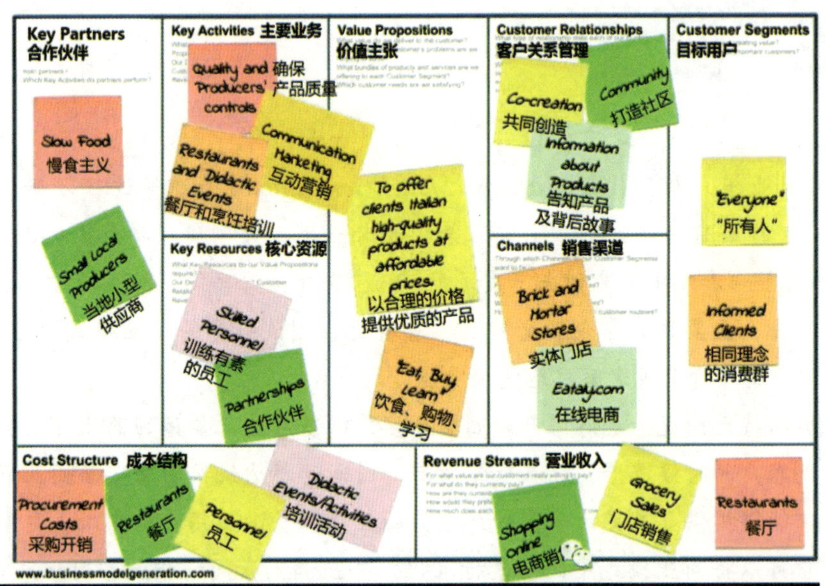

图 7-4 画布原型示例

（3）电子表格原型（如图 7-5）：把详细的商业画布转换成电子表格来评估模型的盈利潜力。罗列出关键数据，计算成本和收入，评估盈利能力，测试基于不同假设的财务状况。

收入					支出			
收入合计					支出合计			
日期	事项	收入金额	票据开否	备注	日期	事项	支出金额	有无票据

图 7-5 电子表格原型示例

（4）实测原型：为新模式准备一个站得住脚的商业案例，在实地进行测试，包括预期的和实际的客户。测试价值主张、渠道、定价机制，抑或市场中的其他元素。

拓展学习 7

商业模式画布的应用介绍

《商业模式新生代》(*Business Model Generation*)是销售过百万册、被翻译成 30 种语言的畅销书。由作家兼创业者亚历山大·奥斯特瓦德(Alexander Osterwalder)和瑞士学者伊夫·皮尼厄(Yves Pigneur)合著。商业模式画布设计简单易懂，主要用来帮创业者建立、可视化、测试自身的商业模式的可行性，从而避免挥霍资金或者盲目地叠加功能。

奥斯特瓦德说，就好像丑媳妇见公婆，很多看起来靠谱的商业计划会在第一次见客户的时候流产，让人感觉所有的时间和精力统统白费。而商业模式画布不仅能够提供更多灵活多变的计划，而且更容易满足用户的需求。更重要的是，它可以将商业模式中的元素标准化，并强调元素间的相互作用。画布由 9 个方格组成，每一个方格都代表着成千上万种可能性和替代方案(见图 7-6)，你要做的就是找到最佳的那一个。

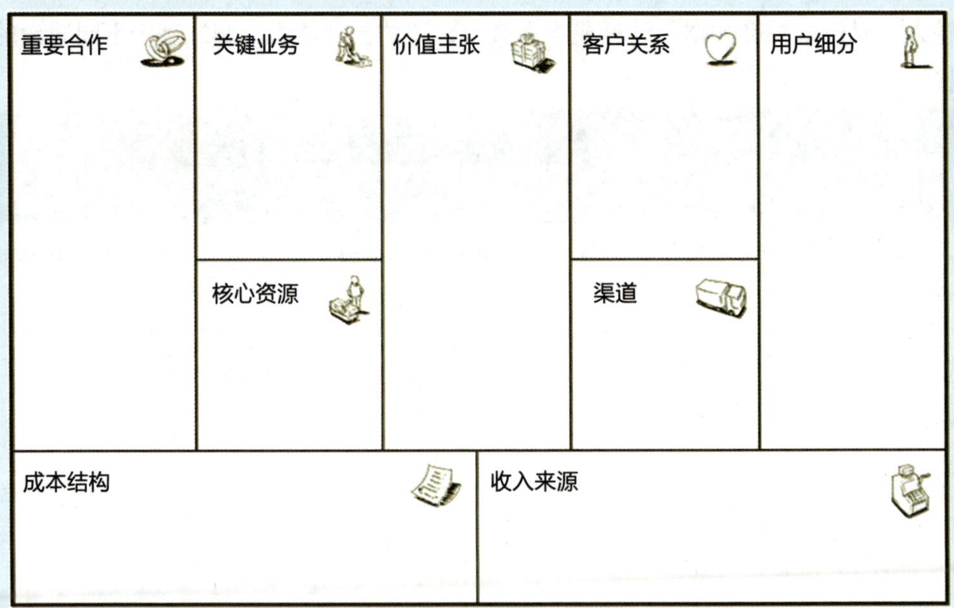

图 7-6　商业模式画布

以下为商业模式画布的九个模块。

(1)用户细分。所谓用户细分就是在整体市场中寻找有特定偏好、特定需求的用户，为这群用户生产特定的产品来满足他们。

(2)价值主张。明确企业所提供的产品或服务的出发点是什么，针对细分用户创造了什么样的价值产品或服务，能为他们解决什么问题。

（3）关键业务。指企业为用户提供产品/服务的关键商业活动，如研发、生产、推广等。

（4）核心资源。明确公司的核心竞争力是什么，如核心技术、销售网络、产业“大咖”等。

（5）重要合作。指在整套商业运作中处在企业外部的合作方企业，如供应商、咨询方等。

（6）客户关系。明确企业要同细分市场中的用户建立何种关系，是伙伴关系、销售关系还是粉丝关系等。

（7）渠道。指产品销售路径与推广方式，主要用来确定企业要如何找到目标用户，并如何将产品/服务送达用户手中。最常见的就是通过广告的形式进行产品宣传，让用户熟知产品。

（8）成本结构。指企业为该目标用户群体提供产品/服务时，产生的固定成本与变动成本之和。

（9）收入来源。主要描述公司要用何种方式进行盈利，产品/服务要如何定价。

每一张便笺都可以代表一类用户群体、一种相对应的价值定位、渠道路径等元素。尽可能多地罗列出不同的可能性，并根据你当前的实力和既定的目标，选择合理的方案。便笺的好处是方便随时更改，显示不同元素间的相互影响，帮助你选出最优解。

（五）创业计划书

创业计划书是一份全方位的商业计划，其主要用途是递交给投资商，以便于他们能对企业或项目做出评判，从而使企业获得融资。它是用以描述与拟创办企业相关的内外部环境条件和要素特点，为业务的发展提供指示图和衡量业务进展情况的标准。通常创业计划是包含了市场营销、财务、生产、人力资源等职能计划在内的综合考量。可以把创业计划书看作商业模式画布的设计依据、执行制订以及可能性评估的全面细化。它不是作战地图，是意向性的作战手册。

创业计划是创业者叩响投资者大门的“敲门砖”。根据使用场合的需要，创业计划书有不同的风格，但其功能都一样——利用创业计划书的展示来获得测试反馈。第八章我们还将更全面地学习创业计划书的有关知识，本章只做简要介绍。

本章知识图谱

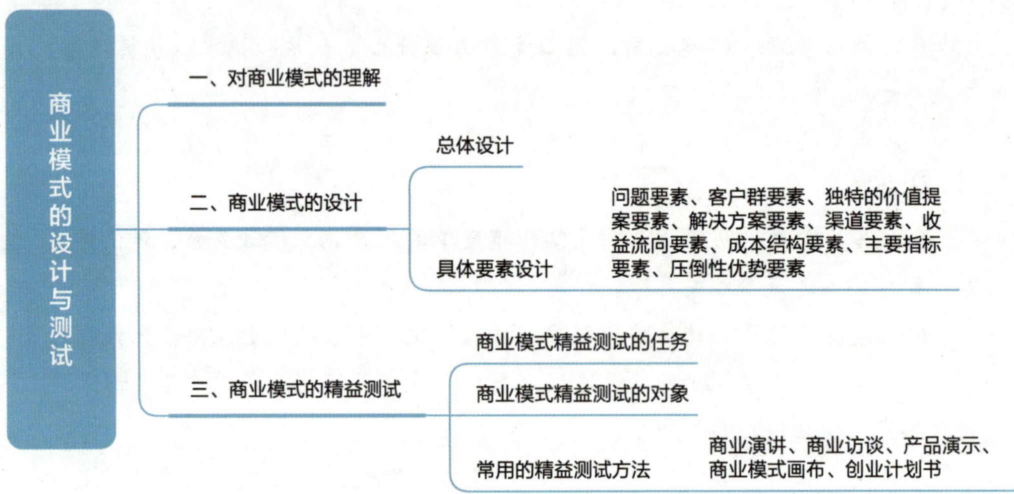

本章综合行动学习练习

请利用精益商业模式画布工具进行意向创业项目的创业设计，之后再利用商业模式画布工具对项目的商业模式进行系统设计，并对商业模式进行不同群体的测试以获得反馈，最后将反馈用于商业模式和创业项目要素设计的优化和调整中。

第八章

创业项目的营销

一个创业者有两种方法提高成功概率：一是不断地做正确的事情增加成功率，二就是避免错误的事情降低失败率。成功既然是很难的事，那么与其强行去提高一个小概率事件的概率，不如把失败的可能性降低。既然我们知道互联网创业失败的概率是90%，而且只有那么几种办法导致失败，那如果能够想办法把它降到80%甚至70%，就相当于把成功的概率增加二到三倍！

——陈一舟

你要追逐的是自己的愿景，而不是金钱。一旦实现了自己的愿景，金钱也会随之而来。

——谢家华（Tony Hsieh）

学习目标

1. 能说出三点及以上创业项目营销的作用。
2. 能解释不同群体对创业项目关注的侧重点。
3. 能解释创业项目文本呈现和口头呈现这两种方式的不同之处。
4. 能初步独立完成一份简要创业计划书的撰写。
5. 能独立完成一次商业路演的展示设计。

本章重点

1. 创业营销的方式。
2. 创业计划书的撰写。
3. 商业路演的设计。

第一节　创业项目营销

创业项目的包装是需要想象的，凡是包装，既要根据现实，又要高于现实，还要回归现实。

——谌飞龙

一、何为创业项目营销

在创业初期，创业者要想方设法获得对项目发展有利的支持，为项目的发展创造良好的内外部条件，以提高创业的成功率。我们视整个创业项目为创业者精心打造的一个产品。如果这个产品想成为爆品，那么创业项目本身也需要营销和推广。商业模式的精益测试阶段可以看作最早期的营销推广，但那时的推广是以获得需要的反馈和验证为主要目的的，好比是创业项目策划从 0 到 1 的这个阶段。等到创业项目的构思相对完整、清晰和成熟的时候，创业者需要站在全局统筹的视角向外部关联者宣传和推广自己的创业想法和创业项目，通过人的宣传和项目的宣传去获得更高的知名度和行业认可度。我们把创业者在创业想法成熟后为了获得更多更好的支持而进行的创业推广称为创业项目的营销。创业项目的营销不只是创业产品或服务的营销，而且是整个创业意图，也可以说是创业故事的营销。

创业项目的营销是指创业者借助一些渠道，通过将富含自身创业思路和宣传目的的创业项目内容进行展示，以提升项目的知名度和认可度。我们视整个创业项目为创业者创造的一个产品，将其宣传推广和营销给需要获得支持的关联者，以获得他们的认同、支持，甚至加盟和投资。

二、不同场景的创业项目营销

创业项目营销的对象可以分为内部对象和外部对象。内部对象包括内部的普通员工、股东和核心团队成员等；外部对象包括社会公众、政府、目标顾客、投资人、上下游业务关联者以及意向招募的人才等。就像我们在进行商业模式精益测试的时候讲的一样，各方因角色不同对项目关注的侧重点也不同。

一般创业者对外部支持环境有以下层次结构的追求。最外围的是社会公众口碑层，主要是项目在社会公共视野中的形象和受欢迎程度。中间层是项目在所处领域和行业中的参与者对项目的认可程度。出于活动有交集的需要，行业中的成员对项目的关注会比公众关注更加专业、更加具体、更加有自己的评价角度。最直接最细微的关注当然是最核心的，来自直接参与或意向参与的成员（见图 8-1）。针对不同圈层关注的不同需求以及关注受众面的大小，创业者可以采用不同的营销手段。场景可粗略地划分为面向公众的营销推广（公关营销）和面向商务人士的商业呈现营销。财务投资者因其角色的特殊性，可以作为关注创业项目细节的典型代表。

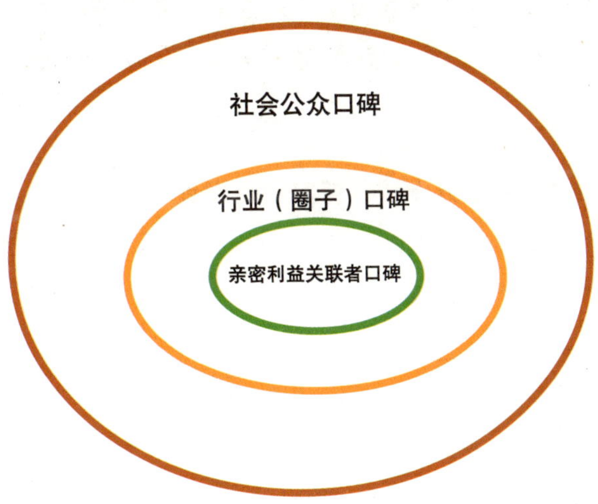

图 8-1 创业者的外部支持环境

拓展学习 1

创业项目的“包装”

“人靠衣装马靠鞍”，创业项目也需要科学的包装。Y Combinator 作为全球知名的创业孵化器，在致力于扶持初创企业并为之提供创业指南的过程中，除了直接给创业者一定的创业资金，它们还对每个创业项目进行认真的包装，以帮助创业项目获取更多的投入资金，创造有利的内外部条件，吸引更优秀的合伙人才。

所谓创业项目的“包装”，是指创业者根据市场的运作规律，以一定的形式反映项目内容，更好地让社会公众认识到项目价值，从而在市场上树立良好的项目形象。通俗地说，项目包装是给投资者、加盟者讲故事，故事的精彩程度决定了能不能得到他人的认可和支持，甚至加盟。

项目包装是一种具有建设性、逻辑性的思维过程。一个成功的项目背后必然有一系列成功的包装。项目包装是对一个项目各种要件的充分准备和尽可能的完善，是明确了项目的目标、内容后为实现目标而进行的主要活动。项目的名称、外在形式、环境、采用的材料既属于项目自身的内容，又属于项目包装的范畴，它包含对项目假设及项目风险的识别。

创业项目的包装是需要想象的。凡是包装既要根据现实，又要高于现实，还要回归现实，所以项目包装应遵循“谦虚式夸张”的原则进行设计。

第二节　创业项目的公关营销

营销和广告创造不出可信的品牌，只有产品本身可以。

——霍华德·舒尔茨

公共关系（简称公关），是指在组织和公众之间建立互利关系的战略沟通过程。公关的核心就是人际关系，也就是与各方建立良好的合作和支持关系。在创业项目营销中引用公关营销的概念，是指通过开展一些公关活动，一方面利用一些公关渠道实现低成本的大规模的传播，另一方面借他人的话语来传播自己想要表达的创业意图。“他人”可以是媒体、关键意见领袖、创业导师、政府、行业技术专家、投资专家等。

一、如何做好创业项目的公关营销

1. 树立正确的公关营销观，善于利用公共场合开展公关营销

现实中有一部分创业者，尤其是技术创业者，不喜欢与外部进行交流与沟通，因项目特性的需要，常年倾向于在自己的科研领域钻研，认为与外部交流的意义不大，同时又担心技术的泄密等；还有一部分是乐于对外交流，项目还处于验证阶段就开始出现在各种场合进行商业演讲，结果慢慢失去了对项目潜心打磨的耐心。以上两种表现是相对极端的，都不可取。一位优秀的创业者，对待公共活动会秉承一种谦虚务实的心态，会因有公共展示机会而兴奋；同时会在平时的学习和思考中进行复盘、积累和总结，不断在自己的信息库里形成不同的洞见，能利用公共活动将自己的最新思考与大家交流分享，从而获得更好的评价和认可。

2. 注重公关营销活动策划的可行性

公关营销活动首先要有谋在先。公关营销方式的选择和活动的策划要有系统的谋划，而不是随机应变，该争取的机会要主动争取。主动应对胜于被动选择。其次，在调研学习他山之石的基础上，通过对自我特长的评估，选择适宜创业者和项目特点的营销方式，提高对现实的适应性和可操作性。最后，要有一定的资源保障，包括人力、财力和时间精力等资源。

3. 充分利用公关营销活动的时效性

创业项目的公关营销活动往往会迎合或借用一些热点事件来提高关注度，所以在公关营销策划中，决策方案的价值是根据时间和条件的不同而变化的。在策划中，讲究的就是把握住最好的时机，以求得最好的效果。因此，在策划中，要尽可能地缩短从策划到实施的周期，这是保证策划取得良好效果的重要因素。这时创业团队对社会公众舆论利用的灵敏度就显得特别重要。

4. 预估好公关营销活动带来的利益

公关营销主要是面向社会公众开展的，每次活动在社会效益、经济效益以及品牌效益等方面收益不同。因此创业者对具体的公关营销活动要有针对性地追求目标，端正好参与活动的心态，在此基础上再做好开支预算。

5. 注重公关营销活动的整体性设计

公关营销策划需要有全局的概念，既要有长期性，又要有层次性。长期性是指要以长远的眼光来进行策划，而不是只顾眼前的利益；层次性是指将整个策划分成不同的层次，根据不同的主客观条件，策划不同的方案，通过整体规划，增强竞争力，以获取更多的公共宣传机会。

二、典型的公关营销方式

1. 公开的创业展示

创业者可以借助创业沙龙、创业经验分享、创业培训以及创业论坛等相关的创新创业公共活动，通过创业事迹、经验和项目的分享来提高在公众中的知名度和认可度。优秀的创业者既是实干家，也是思想家，通过公开的创业展示，可以为个人创造成长的机会，也可以为社会公众提供稀缺的创业经验，同时获得深度的理解和认可。

2. 公益营销

公益营销，又称善因营销、公益促销，是指企业与慈善组织联合起来，将产品或服务销售与社会问题或公益事业相结合，在为相关公益事业进行捐赠、资助其发展的同时，达到提高产品或服务销售额、改善企业社会形象、提高企业品牌美誉度的目的。公益有很多种，比如关爱儿童成长与教育，保护未成年人，关爱残疾人和弱势群体，助学，服务“三农”，保护环境，保护动物，支持交通安全及反对酒驾，倡导健康生活方式如节约用电用水、戒烟等。创业企业选择公益营销行为的核心标准有三条：①符合企业战略与行业发展趋势；②符合品牌价值与形象；③体现产品功能，自身产品可以参与其中。

这样的公益营销才更能让创业受益，实现创业者形象与创业项目认可度的双提升。

3.个人IP打造

个人IP也叫个人品牌。每个人都是产品，把自己当成这辈子最好的产品去打造。个人品牌就是最好的护城河，一旦打造出来，很难被复制。个人IP的核心要素包含“你是干什么的？”“有什么技能？”“水平咋样？”等。文化特点包含“信誉如何？”“性格特点如何？”“说话风格如何？”和大家的评价等。外貌形象包含“长得如何？”“体型是什么样子的？”“穿得如何？”等。

拓展学习 2

个人品牌IP营销的几个关键点

传统创业的做法都是先投资做前期筹备，再寻找客户。而通过互联网打造个人IP，是先有影响力和粉丝（客户），再针对性地推出服务或产品。个人品牌IP是建立在个人的影响力和特长基础上的，所以其营销需要与其特点相匹配。实现个人品牌IP的有效营销的关键点有：

（1）打造个人特色，引领话题。建立自己独特的形象和声音，并发布有深度、有话题度、有见地的内容，慢慢把个人品牌IP建立在关注者的圈子中。在这个过程中，可以利用社交媒体、分享平台等渠道，扩大自己的影响力。

（2）注重用户体验。个人品牌IP的成功与否十分依赖于目标用户的喜好和需求，所以建议建立一个完善的交流体系，与粉丝互动，了解他们的想法，并据反馈不断调整与优化自己的内容，提升用户体验。

（3）利用互联网强大的传播力量。互联网改变了人们获取信息、沟通交流的方式，个人品牌IP可以通过参与互联网的各种活动，展示自己的实力与才华，形成粉丝经济。

（4）寻求合作伙伴。与其他品牌或人物进行合作，不仅可以与更多目标用户进行接触，还可以借助对方品牌的知名度和资源，为自己的品牌注入更大的能量，打造独特的价值体系。

总的来说，个人品牌IP的营销策略需要立足个人特点，注重用户体验，充分利用互联网和寻求合作伙伴等方式，不断提高自己的知名度和影响力，实现自我价值的最大化。

4. 热点营销

热点营销是指营销者在真实和不损害公众利益的前提下，有计划地策划、组织、举行和利用具有新闻价值的活动，通过制造“热点新闻效应”的事件，引起媒体和社会公众的兴趣和注意，借以达到提高社会知名度、塑造企业良好形象和最终促成产品或服务销售目的的手段和方式。

首先，热点营销能够快速提高企业或品牌的知名度。借助热点事件或话题，企业可以迅速吸引消费者的关注，提高品牌曝光率。其次，热点营销能够增强企业或品牌与消费者之间的联系。通过与热点事件或话题结合，企业可以更好地了解消费者的需求和喜好，从而制订出更加精准的营销策略。最后，热点营销还可以提高企业或品牌的信誉度和美誉度，树立良好的品牌形象。

5. 社会化媒体营销

社会化媒体营销就是利用社会化网络和互联网平台来传播和发布资讯，从而形成的营销、公共关系处理和客户关系维护及开拓的一种方式。一般社会化媒体营销工具包括论坛、微博、微信、博客、SNS社区等。对于创业者来说，可以利用文字、图片、语音和视频的组合方式，分享个人的创业知识、心得和体会，在公众心中培养专业、执着的创业者形象。社会化媒体营销既可以选择第三方的专业媒体平台，也可以自建自媒体账号。

第三节　创业项目的商业营销

当我准备发言时，总会花三分之二的时间琢磨人们想听什么，而只用三分之一的时间考虑我想说什么。

——亚伯拉罕·林肯

商业呈现能力是每一个初创公司非常重要的能力。完美、到位的商业呈现能够对公司的对外合作融资起到很重要的推动作用。而好的商业呈现究竟是怎样的呢？让我们一起来看看。

一、商业呈现的内涵

商业呈现是指在特定场所向利益相关方演示产品或推介自己的公司、团队、产品、理念的一种活动。商业呈现有很多方式，其中，如何快速引起利益相关方的注意是商业呈现活动中很关键的一个环节。“Pitch”就是一种最为经常使用的快速商业呈现方式。

“Pitch”是扔、投掷的意思，在商业呈现中是指创业者抛出一个想法或需求，看看谁愿意来接（Catch）这个想法，即对这个想法产生兴趣。快速引起利益相关方的注意是“Pitch”成功的关键。

二、商业呈现的目的

商业呈现不仅是为了向投资人获取资金，更重要的是为了获得有价值的资源。同时，商业呈现也是一种重要的创业评估和市场测试方法。

1. 资源获取

商业呈现除了用于获取早期创业资金，还可以用于吸引早期顾客、招募创业团队成员、与合作伙伴交流、获得政府支持等方面。

2. 创业评估

创业者可以经常向自己或创业团队做呈现，通过自问自答或团队提问的方式获得反馈，从而不断修正自己的想法。

3. 市场测试

市场测试是商业呈现的重要用途，包括产品测试和商业模式测试。产品测试的对象是用户，目的是测试解决方案是否满足用户需求；商业模式测试的对象既包括用户，也包括其他客户，目的是测试他们是否愿意为产品付费。

拓展学习 3

史蒂夫·乔布斯和苹果公司

比起一味地讲产品特色，更重要的是讲好你的品牌故事、产品故事和消费者故事。很多时候，用户购买你的产品，不是基于理性，而是基于感性。我们在创业过程中，必不可少会策划营销活动，比如做公开课群发售、在朋友圈成交、私聊成交、直播成交等。不管以何种形式，有一个原则非常重要，即营销是为了打动用户，而不是打扰用户。故事天生具有吸引并抓住受众注意的独特功能。

1983 年，苹果公司推出了 Lisa 电脑（见图 8–2），花重金在《纽约时报》上发布了广告，用整整九页的篇幅详尽地阐述了电脑的技术特征。可实际上，这九页全都是电脑极客的自说自话，除了 NASA，估计没人会感兴趣。最终，这款电脑遭遇了惨败。

图 8–2　Lisa电脑

这是乔布斯离开苹果前执行的最后一个项目。之后他加入了故事工厂皮克斯，开始与职业的讲故事高手合作。当他从故事高手的重重包围中回到苹果公司后，乔布斯意识到：故事决定了一切。

重返苹果公司之后，乔布斯在对外活动中开始以顾客为中心。他发动的第一场战役，就是把《纽约时报》上的九页广告变成一个广告词：非同凡想（Think different）。

这个广告被称为苹果公司历史上最伟大的广告。乔布斯用这个广告，让苹果公司重新找到了自己的灵魂。

“那些疯狂到以为自己能够改变世界的人，才能真正改变世界。”

此后，苹果公司在绝大多数广告中都不再介绍电脑的特点。相反，它认识到，顾客都是一个个活生生的人，有自己的故事。

顾客才是故事里的主人公，而乔布斯等人扮演的，更像是 007 电影里的 Q：一种助力，一个向导，一个能帮顾客成功的人。

不管"果粉"怎么说，苹果公司的产品都不一定是最好的，它的技术也不一定是最先进的。但是，这些不重要。

人们要购买的不是最好的产品，他们购买的是他们可以最快理解的产品。没有任何一家科技公司能像苹果那样，把自己植入顾客的故事当中。

现在，苹果是全球最大的科技公司。

三、典型的商业呈现方式

创业项目商业呈现的方式常见的是文本呈现和口头呈现。文本呈现是指创业者把创业计划书、项目融资需求书等文本材料作为项目信息和创业意图的呈现载体。口头呈现是指创业者通过面对面现场交流的方式呈现自己的创业项目和创业意图。文本呈现因以信息静态呈现为主，同时传阅便利，适用于创业者相对大目标范围推广创业想法时使用。口头呈现的特点适合于深度交流和闭门交流的场景，最典型的就是商业路演。现实中为了达到更好的沟通效果，可以根据需要组合使用这两种方式。

拓展学习 4

路演的简介

路演译自英文Roadshow，是国际上广泛采用的证券发行推广方式，指证券发行商发行证券前针对机构投资者的推介活动，是在投融资双方充分交流的条件下促进股票成功发行的重要推介、宣传手段。后来人们把路演的形式广泛应用于各种商业性活动中。

现在的路演，泛指一种通过公开展示或演示来推广或宣传某个产品、项目、服务或理念的活动。在商业领域中，路演通常指的是创业者、企业家、投资者或团队代表在特定场合向潜在投资者、合作伙伴、媒体或大众展示他们的创意、产品或项目，以吸引资金投资、业务合作或市场关注。

第四节　创业计划书的撰写

年轻人们宁愿把精力用在为自己的简历抹抹画画、增删条目中，也不愿意真正设立一个目标远大的计划。这样的生活看似安全，实质上是把你自己的未来交给了命运而不是你自己。所以，有个计划总比没计划强，无论好坏。

——彼得·蒂尔

一、创业计划书的重要性

创业计划书是创业者计划创立的业务的书面摘要，一份优秀的创业计划书往往会使创业达到事半功倍的效果。

作为一种重要的工具，创业计划书有助于那些有意创建新企业的人实现梦想。创业计划书是一种书面文件，详细地分析了创建新企业的各种要素。尽管在创建新企业之前，许多创业者和小企业并不撰写创业计划书，但它仍是创业者思考和规划创业项目的有效工具。对于多数创业活动来说，创业计划书具有三大功能：一是在创业者的内心世界里，创业计划的制订是自我思考和对话后做出的选择和决策，用文本方式呈现出来后便于自我推演。二是在公司内部，它可以帮助企业设计一份“蓝图”，供执行战略和计划方案时使用。三是在公司外部，它可以向潜在投资者和利益相关者介绍值得追寻的商业机会，以及将如何去把握这种机会。

拓展学习 5

创业计划书与商业计划书的区别

在商业投融资领域，我们经常看到还有一种创业计划的文本，叫商业计划书。为了让创业初学者更好地理解两者的区别，我们在这里做个解释。

创业计划书是一个创业者在有意向时或初创期对创业机会的研判和如何开发利用创业机会的具体思考。创业计划书的撰写主要用于厘清自己的创业思路，并通过文本这种可视化的表达方式来接受他人的评估和建议，以尽早获得外部的反馈。

创业计划书是以制订计划为主，适宜创业前和创业早期；而商业计划书主要是基于已有的经营基础，展示未来发展的可能性。所以相较于创业计划书，商业计划书更适合有创业基础的成熟项目，并且对撰写的科学性、严谨性和完整性要求更高。例如，商业计划书里的每个数据都需要比创业计划书的有可信度。

二、创业计划书的内容组成

创业计划书是将有关创业的想法，借由白纸黑字最后落实的载体。创业计划书的质量，往往会直接影响创业发起人能否找到合作伙伴、获得资金及其他政策的支持。如何写创业计划书呢？这要看计划书的目标读者是谁。譬如：是要写给投资者看的呢，还是要拿去银行贷款？从不同的目的出发，计划书的重点也会有所不同。

通常一本创业计划书在前面需要写一页左右的摘要，接下来是创业计划书的具体章节，一般分成十章。

（1）事业描述。必须描述所要进入的是什么行业，卖什么产品（或服务），哪些是你的主要客户，所属产业的生命周期是处于萌芽、成长、成熟还是衰退阶段，企业要用独资还是合伙的形态，打算何时开业，营业时间有多长等。

（2）产品和服务。需要描述你的产品和服务到底是什么，有什么特色，你的产品跟竞争者有什么差异，如果并不特别为什么顾客要买。

（3）市场。首先需要界定目标市场在哪里，是既有的市场已有的客户，还是在新的市场新的客户。针对不同的市场不同的客户，有不同的营销方式。在确定目标之后，决定怎样上市、促销、定价等，并且做好预算。

（4）地点。一般公司对地点的选择可能影响不是很大，但是如果要开店，店面地点的选择就很重要。

（5）竞争。下列三种时候尤其要做竞争分析：①要创业或进入一个新市场时。②当一个新竞争者进入自己在经营的市场时。③随时随地做竞争分析，这样最省力。竞争分析可以从五个方向去做：谁是最接近的五大竞争者；他们的业务如何；他们与本业务相似的程度；从他们那里可以学到什么；如何做得比他们好。

（6）管理。中小企业 98% 的失败来自管理的缺失，其中 45% 是因为管理缺乏竞争力，还没有明确的解决之道。

（7）人事。要考虑人事需求，并且具体考虑需要引进哪些专业技术人才、全职或兼职、薪水如何计算、所需人事成本等。

（8）财务需求与运用。考虑融资款项的运用、营运资金周转等，并预测未来三年的资产负债表、损益表和现金流量表。

（9）风险。不是说有人竞争才有风险，风险可能是进出口汇兑的风险、餐厅有火灾的风险等。注意做好风险来临时的应对方案。

（10）成长与发展。下一步要怎么样，三年后如何，这也是创业计划书所要提及的。企业是要能持续经营的，所以在规划时要能够做到多元化和全球化。

三、创业计划书的撰写要求

（1）一定要自己做，没有人可以代替你制订你的计划。

（2）投资者关心财务状况，但更关心能够实现预期财务目标的战略。

（3）要清楚地显示出与竞争对手的明显差异，不要陷入“我也是”的境况。

（4）明确目标市场，提供顾客真实存在的证据。

（5）认真校对，不要有错别字和语法错误。

（6）要有现金流预测，这对新创企业的生存至关重要。

（7）保持计划书的整洁，简明扼要，篇幅不要太长。

（8）陈述事实，尽量避免“我认为”“我估计”等主观判断和猜测。

（9）给计划书设计一个有吸引力的封面。

拓展学习 6

先做幻灯片再写创业计划书

著名投资人和企业家盖伊·卡瓦萨基在创业计划书和幻灯片演示方面有一套有趣的理论。

许多人先写好创业计划书，再把计划书缩减成幻灯片。而卡瓦萨基却认为顺序应该反过来。他说最好是先做好幻灯片，然后以此为大纲来撰写计划书。原因在于，卡瓦萨基坚信诸事都应先试行。他告诉创业者要先写商业创意的提纲，用幻灯片或其他形式都可以，并把提纲展示给尽可能多的人看，最后再写计划书。为什么？因为修改 15 张幻灯片比修改 25~35 页的创业计划书要容易得多。而且幻灯片演示完，可以立即得到反馈，而创业计划书要读完以后才可能得到反馈。

卡瓦萨基的方法很好。虽然计划书不一定要完全遵循提纲来写，但在写计划书之前能找到尽可能多的反馈的确是件好事。写计划书之前先做幻灯片演示，是收集反馈信息、试行推介商业计划的理想做法，也为创业计划书写好后做更完善的幻灯片做好先期准备。

盖伊·卡瓦萨基开了一个有关创业及相关问题的博客，题为“如何改变世界”，内容非常丰富。

拓展学习 7

计划书的六大要素

第一部分（2~3 页）：What——讲清楚你要做什么

用 2~3 页 PPT 讲清楚你准备干一件什么事。不要整页 PPT 都是大段文字，你要做的事应该是一两句话就能说清楚的。最好能配上简单的上下游图或功能示意图，让人对项目一目了然。

首先，核心是要突出专注性，表明你就想做一件事，而且就想解决这件事中的某一个关键问题。不要追求大而全，也不要产业链太长。

其次，不要去做目前商业巨头明显要做的项目，或已经有几家在竞争且获得较好融资的项目。这样的项目已经有太多的失败教训。不是说你一定做不成功，而是投资人不感兴趣，成功概率较低。

第二部分（4~6 页）：Why Now——行业背景、市场现状

用 4~6 页 PPT 讲清楚行业背景、市场发展趋势、市场空间。要说明你在正确的时间做正确的事，而且市场空间大。

市场大，不代表有需求。要描述在目前的市场背景下，你的项目抓住了一个用户的痛点，或者你的项目可以为用户带来更高性价比的产品或服务。尽量列出与竞争对手的对比分析，说明当前的商业机会。

第三部分（5~10页）：How——如何做，以及现状

用5~10页PPT讲清楚商业模式实现的具体方案，包括产品的研发、生产、市场、销售策略，也就是描述这个项目将如何实施、最终达成何种效果。

建议多研究一下精益创业，产品规划和创业步伐要小步快走，阶段性验证、调整产品思路和商业模式。

第四部分（2~3页）：Who——你的团队

用2~3页PPT讲清楚团队的股份和分工。团队应有合理分工，要介绍团队主要成员的背景和特长，要强调个人能力适合该岗位、团队组合适合该创业项目。

项目是靠人来执行的，不同的团队创造出来的效果不同。要让投资人知道你不是一个人在战斗，有没有团队也从侧面说明了你的个人领导力。

当然，投给个人的钱与投给团队的钱完全不一样。有些创业者会举网上报道的某某名人获得大笔投资的例子，认为自己的项目更靠谱，应该获得相应的投资。其实他不知道产生高溢价的是团队而不是项目，某某名人有团队和相应的资源在后面。

第五部分（1~2页）：Why You——优势

用1~2页PPT讲清楚你的项目和团队优势。“事为先、人为重”，让投资人相信你要做的事非常有前景，而且你们团队很适合这个项目。

这里要回答好两个问题：“为什么是现在做这个项目？”“为什么你们能做成功？”

第六部分（2~3页）：How Much——财务预测与融资计划

用2~3页PPT讲清楚头三年的财务情况，以及后三年的财务预测。早期项目的盈利不重要，投资人主要对高增长性更感兴趣。表明你的融资计划，包括需要多少资金、准备稀释多少股份。

资金需求一般做一年规划，包括这一年项目要达成什么目标、达成这个目标需要多少钱。稀释的股份要少于30%，稀释太多你就是打工的，稀释太少投资人可能不太感兴趣。

第五节 商业路演的设计

路演推介虽是商业行为，难免功利色彩，但首先要做到的是“诚”。

——薛克庆

项目路演是实现创业者与投资人零距离对话、平等交流、专业切磋的一种重要方式，可以促进创业者和投资人的充分沟通和深入了解，最终推动创业项目的融资进程。

一、做好路演前的准备

第一，明确路演目的和对象的需求。以融资路演为例，获取融资的方式很多，包括股权、债权、天使、风投、战略投资等。作为创业者，路演前首先要分析项目需要以什么样的方式融资，要对项目的发展阶段、技术、业务、管理、人才有全面的了解。

第二，要厘清商业逻辑中容易受到质疑和否定的部分。在创业团队内部进行头脑风暴和深度思考，对投资人可能问到的棘手问题做好准备。

第三，准备好路演要用的PPT。PPT的制作以简洁明了的图片、数据、柱状图为主，配以一些简单的总结性话语。商业模式、盈利方式、财务预测、市场竞争也应该重点突出。此外，PPT最好不要超过12页，天使轮投资的项目PPT不要超过10页。即便进入A轮融资路演，涉及数据模型和场景，PPT也不要超过15页。

第四，路演前的彩排很重要。创业者要面对不同听众进行彩排，通过不同的反馈做出相应的改善。到达路演现场前，要对现场的听众有所了解。他们有的是高校老师评审，有的是政府主管机构评审，有的是投资机构评审。在接下来的演讲过程中，要围绕听众最想听到的内容进行阐述。所以，不要只准备一套讲稿和PPT，也不能按照固有的方式按部就班地讲解。

第五，挑选好路演的演讲者。演讲者要对项目的商业模式、行业背景、团队和资源、融资计划熟记于心，还要能举一反三。路演者最好是项目团队的创始人，而不是普通员工，因为演讲者所要做的工作是“连接”。连接推荐产品和推荐品牌的关系，连接厂商和经销商、消费者之间的关系，连接听众和推荐的商业模式之间的关系。只有做好了连接，客户才有可能接受推荐，从而使这场路演得以有效地展开。

路演的项目对于创业者来说就像自己的孩子，从怀孕前的准备到十月怀胎、分娩、养育、牙牙学语、蹒跚学步，创业者都亲身参与。创业者从项目诞生的第一天就全面参与，对于产品的性能、商业模式、品牌特色等已经了如指掌，这种对项目的全情投入和深度了解更容易打动投资者。正如投资领域比较流行的一种说法，“第一轮的天使融资，投资者最看重的是创始人，而不是商业模式”。

在大型路演中，如果创业者能在三分钟内准确有效地完成路演，投资人不仅能够记住你的故事，更能记住你的团队。演讲者要表现出创业的激情，还要有依靠实实在在的做法去落实这些想法的意愿，要动情地讲述消费者的痛点，让投资人产生共鸣。

拓展学习 8

电梯式演讲

对于一家新企业来说，一种十分有用的练习就是设计电梯式演讲。电梯式演讲是简短的、仔细构思过的表述。它对商业机会价值进行了提纲挈领的归纳。为什么将它称为电梯式演讲呢？如果一位创业者进入 25 层大楼的电梯内，并且非常幸运地在同一个电梯里偶遇潜在的投资者，那么在从 25 层往 1 层下行的时间里，如果创业者可以通过演讲让投资者产生兴趣的话，这种演讲就叫电梯式演讲。多数电梯式演讲的时间在一两分钟。

电梯式演讲可能在很多日常场合发生。例如，许多由高校主办的创业研究中心举行活动，会一起邀请创业者和投资者参加。通常这些活动会专门设计让企业家与潜在投资者会面的间歇时间，他们可以在一起讨论投资问题。电梯式演讲需要创业者设计十分简明、切中要害的商业机会描述性内容。

以下列举的是一份 2 分钟电梯式演讲的提纲。新创建企业的电梯式演讲应当认真准备，经常练习。

电梯式演讲的步骤：

第一步，阐述机会或可能需要解决的问题。	45 秒
第二步，阐述你的产品/服务如何去满足机会，或如何去解决问题。	45 秒
第三步，阐述你的资质和条件。	15 秒
第四步，阐述你的市场。	15 秒
合计时长：	2 分钟

二、创业计划书路演 PPT 范例

（1）演讲一般由一张标题幻灯片开始，它在正式陈述前等待听众的准备阶段用于投影播放。这张幻灯片必须醒目、整齐，务必至少包含一位创始人的联系方式。必须在首页幻灯片标记正确的日期，并对听取创业计划演讲的对象表达感谢，从而使得演讲更具人性化色彩。

（2）第 1 张幻灯片：概述。这张幻灯片应该使听众对你的这项创业计划以及它的潜在价值形成总体上的认识。适合插入一些故事、逸事或是统计数据，生动地向人们展示这项计划的重要性和创业的意义。如果在此没能使听众“上钩”的话，后面想吸引听众注意力就很难办到了。所以要针对你的听众，量体裁衣式地发表看法。如果你的创业计划中有引人入胜的地方，不妨在这里就告诉大家。

（3）第 2 张幻灯片：问题。首先得提出问题（比如有没有专门针对 50 岁以上中老年人的健身中心），接着说明你的公司（下一张会提到）就是为了解决这个问题。你必须通过原始调查或间接调查验证你的观点。原始调查非常重要，向听众证明你通过与潜在顾客的对话，了解到他们认同你对问题的看法。这里可以展示你的可行性分析和概念测试结果，也可以引用行业专家或服务机构的分析结果，但没有什么比你自己的数据更加令人信服。向听众传递问题的严重性，这些问题通常意味着一个巨大的潜力市场进而引起权益投资人的兴趣。

（4）第 3 张幻灯片：解决办法。说明你的公司旨在提供问题的解决办法，说明你的解决方案为什么会优于别人。例如已经有许多通用健身中心对中老年人开放，但只有 PAF 这一家是专门面向中老年人的。说明你的公司将会对顾客的生活产生多大的影响：是微不足道，还是适度或是很多？你也要提到有关模仿的问题：你将怎样防止他人立刻复制你的方案？这牵涉有关专利和知识产权的问题，你也会因此尝到作为先驱者的甜头。

（5）第 4 张幻灯片：机会和目标市场。这张幻灯片将十分清楚地说明目标市场的具体定位。如果你认为有必要，要用图示方式说明你是怎样对市场进行细分的。通过你的表达，表明你对目标市场以及消费者的行为已经相当了解，尤其是要具体说明环境的变化趋势正在成为目标市场的推动力。以元为单位，说明目标市场的规模，最少三年的预期销售额和预期市场份额。图表一定要制作得漂亮些，它能打破那种主要依赖于文字进行演讲的枯燥感。要在听众中留下一种对预期销售额具有高度合理性支撑的深刻印象，并随时准备解答对于数据的疑问。

（6）第 5 张幻灯片：技术。这张幻灯片并非必需，但通常情况下都会有。你必须介绍你的技术，介绍产品/服务的不同寻常之处，务必使用通俗易懂的语言。如果你的产品存在一个可展示的样品，演讲时务必带上，在可能的情况下展示这个样品。如果你创办的是服务型企业，一份手册样本或者企业每天的大事记也可以作为样品的内容。还要说明可能涉及的知识产权问题。

（7）第 6 张幻灯片：竞争。展示你面临的竞争格局。不要保守地陈述你目前及将来面临的竞争情况，否则可能降低可信度。通过竞争者分析方格，可以从视觉上更加直观地描述你的竞争优势，说明为什么你的竞争优势能够持久。如果退出策略是被某个实力更强的竞争对手收购，不妨在这里提出这种可能性。同时，说明你的竞争优势会给潜在兼并者带来什么益处。

（8）第 7 张幻灯片：营销和销售。以描述总体市场营销策略为开端。说明你的定价策略究竟是使用成本定价法还是价值定价法。比较分析产品价格与竞争对手的差异性。说明你的销售过程，让听众了解你怎样唤起消费者对产品或服务的注意，以及怎样让产品抵达最终消费者。如果你打算建立自己的销售队伍，谈谈销售人员的酬劳问题。如果你已经展开过消费者购买动机调查，或其他有关消费者对产品认知的调查测试，不妨在这里公布结果。

（9）第 8 张幻灯片：管理团队。正如在这本书中反复强调的，你的听众会把管理团队看作你事业成功的关键因素。介绍团队是如何组成的，并解释团队成员的背景、专长对公司的成功发挥了怎样的重要作用。如果你已经组成了董事会或顾问委员会，那么就关键人物做出简要介绍。通过展示你的团队成员技能方面的档案信息，说明管理团队中现存的空缺情况并提出你打算如何补充此空缺位置。从总体上看，如果你已经集结了一支优秀的队伍（如员工或顾问），可以简要谈谈你向这些成员“推销”企业愿景的方法。如果听众发现你已经能够把一群出色的员工或顾问招至麾下，他们也会相信你同样能够把产品卖给愿意花钱购买的消费者。

（10）第 9 张幻灯片：财务规划。介绍未来 3~5 年你的总体收入规划及现金流规划。务必保证有人对细节问题询问时有实际的数据支持。对你的数据要了如指掌，如果有人对这份规划中的任何数字提出疑问，回答时不能有迟疑或者磕绊。准备对数据背后的假设进行解释。按行业规范给出你的计划销售利润率。

（11）第 10 张幻灯片：现状。介绍企业的现状，突出强调企业已经取得的重大进展。介绍从发起人、管理团队、前期投资者那里已经募集到的资金以及资金如何被使用。投资者会特别关注你的资金使用是否有效率。不要弱化你已经取得的成就的价值。可以采用图例方式显示企业现有的所有权结构和法定的产权形式。

（12）第 11 张幻灯片：融资诉求。这张幻灯片具体地介绍你想要融资的数目及资金的使用方式。如果你的演讲对象是股权投资者，你就得准备阐述拟让渡出多少股份；如果是想获得银行贷款，就得交代清楚想获得贷款的类型，还要介绍资金筹得后能够取得的重大进展。

（13）第12张幻灯片：总结。当演讲接近尾声时，总结一下你的企业及创业团队的最大优势（最多三点）。介绍企业的退出战略。如果面对的是银行股权投资者的话，要征求反馈信息。如果你参加的是一个创业计划书竞赛，还要对裁判的工作给予感谢，并准备好回答关于创业的任何提问。

拓展学习9

大学生如何做好创新创业项目路演

近几年，编者现场观摩过中国“互联网+”大学生创新创业大赛，做过全国“创青春”大学生创业大赛的终极评审，也担任过重庆市“嘉陵创客”创新创业大赛、“优创优帮”大学生创业扶持计划的评委，在感受到创新创业如火如荼、由虚入实的同时，也发现很多大学生创业者其实并不会做项目路演。

项目路演的本质是在有限的时间里传递最有效的价值。有效与否的关键，其实是你能否得到评委或投资人的青睐，让他们刻骨铭心，想要认可你，或者直接用钱“砸”你。因此，你需要用提问思维来做好项目路演。

提问思维，意味着你能够换到评委或投资人的立场去回答他们心中的疑问。因此项目路演前，你应该模仿投资人向自己发问。最本质和最基础的问题是：什么人？做什么事？卖什么产品？卖得怎么样？能否持续卖下去？

蒂蒙斯的创业三模型中有：团队、资源、机会。

团队组成如何，其实就是回答“什么人？”的问题。

你是一个什么样的人？你的专业教育背景如何？你的工作经历如何？你过往取得哪些成绩？这些都是在告诉评委或投资人：你是一个值得信赖的人，你是很适合这个创业项目的人，你是一个持续创业者。路演的本质其实是一场营销，而所有营销的本质最终是营销“人”。用简洁精练的话语讲清楚自己作为创始人的专业背景、工作经历，以及团队成员尤其是关键人物的经历背景，让评委或投资人感受到人与项目有一种纯天然的契合，没有丝毫的违和感，这会让他们踏实些。

做什么事？

一句话讲清楚你在做什么事。通常的格式是：为某个精细群体，提供某种服务或解决方案或产品。有很多创业者，在10分钟的路演时间里，一直喋喋不休论证其创业所在领域里，全球有上万亿市场空间、全国有上千亿市场空间。然后口头禅是："由于今天时间不够，所以想要了解更多详情，可以去我们公司看看。"其实一个连时间都无法掌控的人，是无法掌控好创业的。西方创新创业教育界流行的一种方式是：60秒电梯式演讲。假设你在电梯里遇到投资人，60秒你得说服他为你投资。这个训练极端但有效地表明：在最短的时间里，回答清楚你做什么事，至关重要。如Facebook的"让世界连接起来"就很值得学习。

卖什么产品？

这个世界永远不缺情怀，这个世界也永远不缺想法，这个世界缺的是极致的产品。大学生创业者不缺乏宏观战略的表达和中观套路的演绎，但缺的是战略的细化和套路的落地，缺的是最终聚焦到你卖的产品到底是什么上。从某种程度上说，项目路演甚至可以一句话都不说，展示你的产品，标上价格，评委和投资人便已心中有数、了然于胸。比如无人机制造类的创新创业项目，最好直接在路演中展示你的无人机，并清晰描述它与市场上其他无人机相比最大的优势在哪里。产品是大学生在项目路演中最佳的沟通利器。

卖得怎么样？

各类路演的评委及投资人早已看过无数项目，练就了"火眼金睛"。大学生创新创业的故事很动人，但最终他们想知道的是：产品卖得怎么样？在哪些渠道现在有哪些数据？用事实说话。如果该项目已经开始产生销售数据，尽管不怎么样，但也表明已经处在接受市场检验的过程中。当然，任何一个评委或者投资人不可能了解每一个行业，必然存有知识盲区。这个时候说服他最好的方式就是告诉他现在卖得怎么样。不要大谈特谈市场有多大，投资人想知道的是：你已经占据了多大的市场。回答"卖得怎么样？"这个问题，最忌讳的是基本的财务数据都很模糊，基本的销售渠道都理不清，核心的盈利点都搞不明白。创业应该具备基本的成本意识，清楚掌握基础数据，才有可能清醒评估自己的项目，评估产品能否持续卖下去。

大学生创新创业毕竟不是通过一次大赛、一次融资就能够获得成功的。评委或投资人也一定会评估项目的可持续发展和项目的竞争壁垒。如果是一个好的创意、产品、模式，但是别人能够轻易抄袭，那就说明创业项目本身就是在"裸泳"，无法抵御别人的觊觎。这样的项目势必也难以持久。比如有的大学生做少儿编程的创业项目，如果课程能轻易被别人模仿、抄袭，那必定无法持续经营下去。因此，在做路演时，一定要展示清楚项目的核心竞争力以及竞争壁垒所在。告诉评委及投资人，你或者依托专利发明，或者依托独特的服务体系，或者依托专业知识技术，已经建成了“永恒的护城河”，能够保证项目永续经营，可持续发展。

三、做好创业路演的建议

（1）路演演讲稿要逻辑清晰，重点突出。先讲什么、再讲什么、重点讲什么要认真设计好，避免依赖PPT进行演讲。

（2）路演前针对路演的对象、时间和空间条件，多做模拟训练，让听众感觉到你对项目的掌控力。

（3）路演内容中可以设计个人经历或发生故事的介绍（见图8-3），让你的项目展示更能引起他人的共鸣。

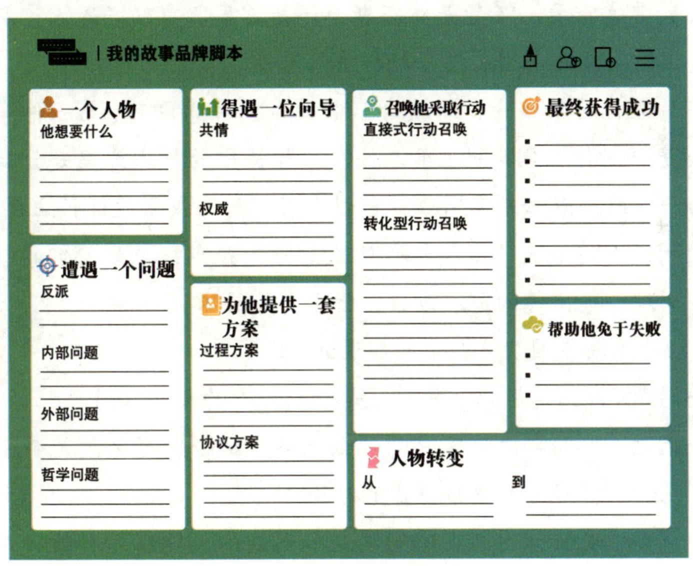

图8-3 通用故事脚本

（4）在路演的过程中保持幽默，展现你的自信。

（5）通过手势和激昂的语调，展现你的热情。

（6）在介绍关键点时，邀请听众辅助参与。

（7）利用产品样品或模型可视化地展示你的产品。

（8）接受并喜欢临场突发性事件带来的效果。对突如其来的事，要能够即兴发挥，把它当作创造性演讲的一部分。

拓展学习 10

经典路演——8 分钟路演

8 分钟是国际标准的路演时间。

如果能够将 8 分钟的标准路演时间把握好，那么以后的路演，不管是 3 分钟、5 分钟还是 10 分钟，对于企业来讲都不成问题，因为 8 分钟是最难以把握的时间。

所以，8 分钟路演是最经典的路演。

在一场 8 分钟的路演中，企业应当如何快速抓住听众的注意力？经典的公式如下：

8 分钟路演＝提出问题＋解决方案

这个公式非常重要，不管是乔布斯，还是雷军、贾跃亭等人，所有的路演大师都是遵循这个公式而进行了一场场成功路演。

在一场 8 分钟的路演中，路演者只需要做两件事即可：第一件事，告诉听众你的项目是针对什么问题的；第二件事，你提出的解决方案是什么。以室内装修设计为例，路演者必须向听众提出现在装修行业或者设计行业存在的问题。比如有五大问题，这五大问题要抓住听众的五大痛点，说到他们的心坎里。然后针对这些问题，提出你的解决方案，听众自然买账。

8 分钟经典路演要围绕着四个问题展开（见图 8-4）。

第一个问题：我们是做什么的？这是听众关心的最基本问题。

第二个问题：我们解决了客户的什么问题？这个问题必须是企业基于对整个行业的研究和对消费者的洞察得出的结论。

第三个问题：我们如何与众不同？这个问题的关键在于告诉听众，企业与其他同行业在哪些方面是不同的，企业的核心竞争特色是什么。

第四个问题：这和我们有什么关系？这是最重要的问题，即告诉听众为什么要关注本场路演。

图 8-4 8分钟路演围绕四个问题展开

8分钟项目路演评分表(见表8-1),从项目亮点、路演工具、路演印象、路演成果和时间把控五方面为企业的每一次8分钟路演打分。善用8分钟路演评分表,可以全方位地提升企业的路演水平。

你是否想成为路演大师,主动权掌握在自己手中。

表 8-1 8分钟项目路演评分表

内容	评分
路演项目	
项目路演得分	项目亮点:突出7分( ),一般3分( ),没有0分( )
	路演工具:好6分( ),一般3分( ),差1分( )
	路演印象:好6分( ),一般3分( ),差1分( )
	路演成果:好6分( ),一般3分( ),差1分( )
	时间把控:准时10分( ),不准时0分( )
专家点评	1. 2. 3.
专家签字	

本章知识图谱

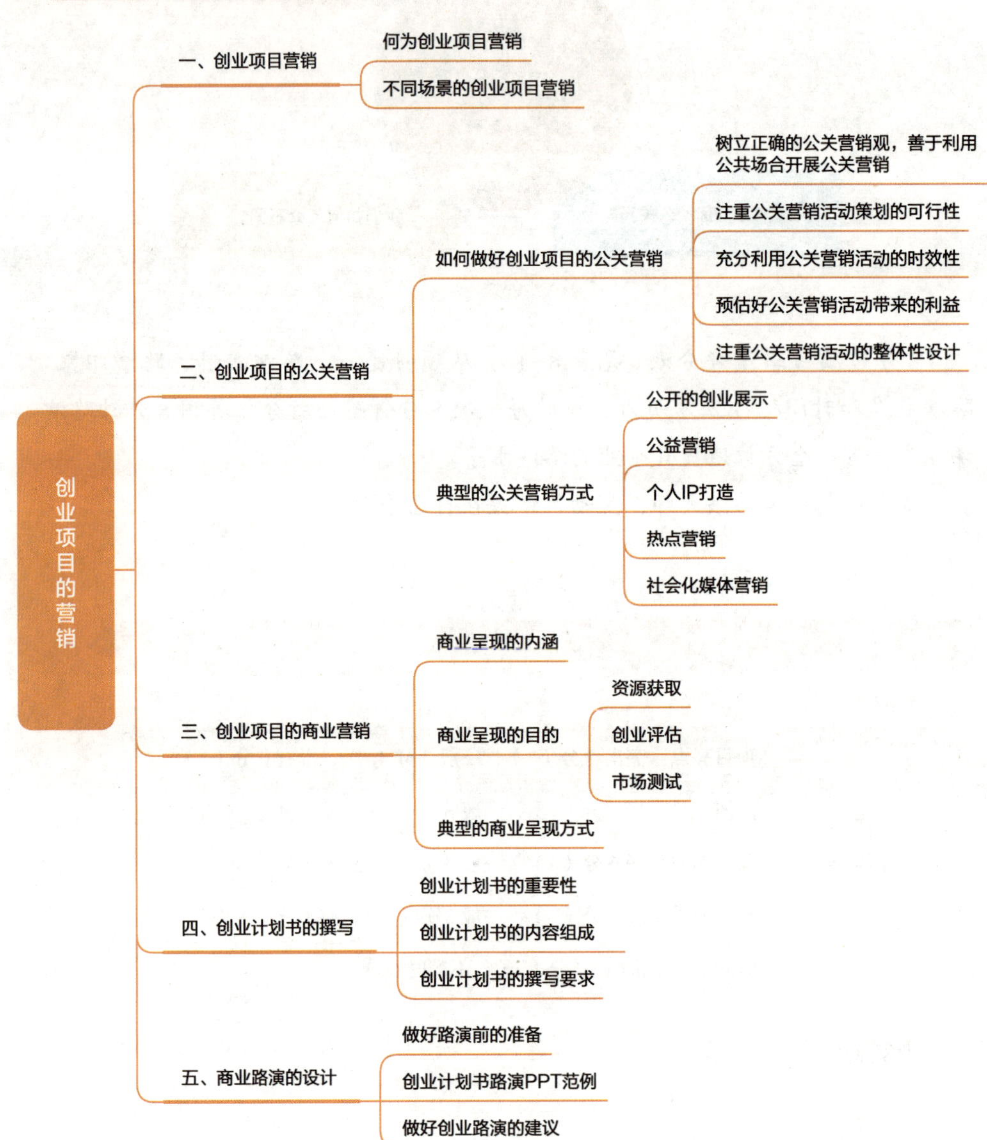
创业项目的营销
一、创业项目营销
何为创业项目营销
不同场景的创业项目营销
二、创业项目的公关营销
如何做好创业项目的公关营销
树立正确的公关营销观，善于利用公共场合开展公关营销
注重公关营销活动策划的可行性
充分利用公关营销活动的时效性
预估好公关营销活动带来的利益
注重公关营销活动的整体性设计
典型的公关营销方式
公开的创业展示
公益营销
个人IP打造
热点营销
社会化媒体营销
三、创业项目的商业营销
商业呈现的内涵
商业呈现的目的
资源获取
创业评估
市场测试
典型的商业呈现方式
四、创业计划书的撰写
创业计划书的重要性
创业计划书的内容组成
创业计划书的撰写要求
五、商业路演的设计
做好路演前的准备
创业计划书路演PPT范例
做好创业路演的建议

本章综合行动学习练习

综合练习 1：利用以下创业项目策划书的模板，完成意向创业项目的主体策划。

《某某创业项目策划书》

一、项目简介

用清晰、简洁、形象化的语言提炼总结出项目的背景、价值、实施思路以及项目优势和特色等核心关键信息。目的是让评价者迅速了解项目的关键信息，考量团队对项目整体的把握能力。

二、项目问题

详细描述项目在解决什么样的问题、团队经历了什么样的问题探索过程、团队对创业问题的研判和分析结论如何、得到了怎样的有效解决问题的思路和想法。目的是让评价者相信项目解决方案的策划是基于对创业问题的深入了解和研究。

三、原型测试

介绍团队为了验证对需求的研判和解决问题想法的有效性，面向什么样的群体采用了什么样的原型测试，获得了怎样的结果。目的是让评价者了解团队对客户的需求和问题解决方案是否经过相关群体的测试，并是否根据意见进行改进和改善。

四、解决方案

讲清楚团队通过怎样的调研并利用测试的成果最终确定了怎样的解决方案。可从宏观、中观、微观这三个层面表达清楚具体针对创业问题和创业机会制订的创业方案。目的是让评价者清晰了解解决方案与问题探索的对应性和设计结果的具体化程度。

五、商业模式

借助商业模式画布工具，讲清楚为项目实施初期设计的商业模式的九要素，并诠释设计的理由。目的是让评价者清晰了解项目的盈利模式以及支撑盈利模式成立的基础和条件。

六、人员分工

介绍团队人员分工以及团队为项目策划所付出的努力等。目的是让评委了解项目团队成员在整个项目策划过程中所承担的工作及对项目策划完成的贡献度。

七、项目执行总结

总结提炼项目的价值依据、创新点、优势特色以及预期价值。讲清项目预期带来的各种经济价值、社会价值。财务预测方面需对项目启动的投入、总体实施的投入和预期产出有大概的估算。

综合练习 2：利用以下工具完成项目的路演展示设计。

工具 1：项目路演展示效果影响因素分析

序号	影响因素	应对策略

工具 2：项目路演展示内容及具体形式设计

序号	内容主题	展示内容	时间分配	展示形式	展示思路设计

第九章

创业的精益启动

如果船长的最高目标是保卫他的船，那这艘船永远驶不出港口。

——托马斯·阿奎那

成功的企业往往以非常简单的方式来做事情，反复地做，从不懈怠。

——威廉·赫斯基思·利弗

学习目标

1. 能描述注册成立公司的基本流程。
2. 能描述大学生筹资的方式。
3. 能描述初创企业如何启动精益营销。

本章重点

1. 创业涉及的法律法规。
2. 创业初期商业模式的验证。

第一节　创业初期的关键任务

创业初期即面对好景气，往往会失去警觉，忽略了管理的重要性；如果初期不怎么顺利，反而能让大家一起拼命地干活。

——邱永汉

创业的每一个阶段都会遇到各种各样的挑战。创业初期会面临缺经验、缺执行力、缺资源、缺行动目标、缺对困境的预判等问题和困难。尽管如此，创业者仍需先明确创业初期的关键任务，以保证自己迈出的脚步既坚定又扎实。

一、完成创业主体的注册，让你的创业师出有名

创业主体的注册主要是指公司的注册。关于公司注册，我们需要了解注册的流程、注册的材料要求、注册的公司形式以及公司的注销等。

1. 注册成立公司的基本流程

（1）第一步：公司核名。注册公司的第一步就是确定自己公司的名字。公司名称结构为：字号+行业名。在核名之前要准备好三到五个名字，以免核名的时候准备的名字跟别人的名字重复，导致不能通过核名。

（2）第二步：提交相关资料，确定公司经营范围。开业资料主要包括房产租赁合同、房产证复印件、房产信息单、公司章程、股东会决议、指定委托人和名称核准信息单。

（3）第三步：领取营业执照。核名通过、资料审核通过之后，携带准予设立登记通知书、办理人身份证原件，到工商局领取营业执照正、副本。

（4）第四步：公司备案刻章。携带营业执照原件到公安局指定的定点刻章单位备案刻章。

（5）第五步：银行开户。公司营业执照办好后，携带公章、法人章、财务章、营业执照正本前去银行开设公司基本账户，待银行受理结束领取开户许可证。

（6）第六步：税种核定。公司领取营业执照30天内需要进行纳税申报，在纳税申报时需要核定税种，确定好纳税人类型。

（7）第七步：社保开户。公司开业不光需要纳税申报，还需要缴纳社保。开户后就可以正常缴纳五险一金了。

注册公司需要完成以上七步流程，每个流程需要准备相应的资料，因此在注册公司之前，需要把流程和每个流程需要的资料了解清楚。

2. 注册公司需要的材料

注册公司需要准备以下材料。

（1）投资人、法人代表、监事的身份证明。

（2）完整的公司章程。

（3）办公场所的租赁合同或者买卖合同及权属证明。

（4）设立登记申请表等应具备的其他申请表。

股东是公司的主人。一般在创业初期，建议股东的人数不要太多，避免因股东过多而导致权力分散。对于“早期核心员工”和“小股东”，建议使用“股权代持协议”进行代持，不进入工商局公示的股东名单中，从而在保障权益的同时简化股权架构。一个简单、健康的股权结构有利于公司顺利融资，以及快速完成工商登记和变更等事项。

3. 常见的工商注册类型

企业登记注册的类型会根据不同国家和地区的法律法规而有所不同。以下是一些常见的企业登记注册类型。

（1）个体工商户：个体工商户是指由个人独立经营、自负盈亏的企业形式。个体工商户通常只需要进行个人身份登记，而不需要成立独立的法人实体。

个体工商户通常是小微型商户，其注册简单便捷，适合个人创业者或个体经营者。个体工商户的经营范围有限，一般只能从事一种或少数几种经营活动。

（2）有限责任公司（Limited Liability Company，LLC）：有限责任公司是一种由股东共同出资组成的法人实体，当公司遇到财务问题时，股东的责任通常限于其出资额。有限责任公司在不同国家和地区可能有不同的名称和要求，如有限公司、有限责任合伙公司等。

有限责任公司是一种较为灵活的企业形式，其注册类型多种多样，可以根据具体情况选择。有限责任公司的特点是股东的责任有限，不会因公司债务承担个人财产风险。

（3）股份有限公司（Joint Stock Company，JSC）：股份有限公司是一种由股东以股份形式出资组成的法人实体，股东的责任通常限于其出资额。股份有限公司在不同国家和地区可能有不同的名称和要求。

股份有限公司是一种由股东投资而组成的公司形式，可以公开募股或非公开募股。股份有限公司的注册和运营要求较高，适合规模较大的企业。

（4）合伙企业：合伙企业是由两个或多个合伙人共同经营的企业形式，合伙人之间共享利润、共同承担风险。合伙企业的注册类型有普通合伙和有限合伙。合伙企业通常需要制订合伙协议，并根据当地法律法规进行登记注册。

（5）公司分支机构：公司分支机构是指已经注册的公司在其他地区设立的分支机构，分支机构通常需要在当地进行登记注册，并遵守当地的法律法规。连锁企业经常采用这种方式实现不同区域的门店开办。

（6）个人独资企业：个人独资企业是指由个人独自出资经营的企业形式，企业的所有权和经营权均由个人控制。

（7）农民专业合作社：农民专业合作社是由农民自愿组成的依法合作经营的经济组织，旨在提高农民的生产效率，促进农业和农村发展。

以上仅列举一些常见的企业登记注册类型，具体的类型和要求可能因地区和法规而有所不同。在进行企业登记注册之前，建议咨询当地的相关部门或专业机构，了解具体的要求和流程，并根据实际情况选择适合的企业类型。

4. 营业执照的注销

营业执照的注销流程包括：向税务机关申请办理注销税务登记、向注册地工商局申请注销、委托中介机构出具清税报告、携带完税证明等办理注销手续完成注销。

（1）公司法定代表人或个体工商户先到税务局领取《税务注销申请表》，并按照表单上的内容规范填写相关内容。

（2）带上相关资料到当时开户的银行办理银行基本户注销，并取得《银行开户注销通知书》。

（3）带上所有相关的通知书到当地工商局领取相应的《营业执照注销登记表》并按照规范填写，工商局收回公司的营业执照，至此便完成了营业执照的注销流程。

公司注销营业执照需要的材料如下。

（1）一份注销营业执照申请。

（2）公司盖章的指定代表或者共同委托代理人的证明，以及法定代表人、委托代理人的身份证复印件。

（3）清算组成员备案确认通知书。

（4）依照《中华人民共和国公司法》做出的股东会决议。股东会决议内容应包含：公司注销决定、注销原因。

（5）经公司确定的清算报告。

（6）刊登注销公告的报纸报样。

（7）公司的企业法人营业执照正、副本。

行动学习小任务1

若你意向创办的是一家商业公司，利用注册地域+公司商号+经营领域+注册类型的形式为你拟成立的公司取个名。例如：杭州×××创业教育科技有限公司。若你意向创办一个民非组织或机构，请参考类似的组织名称取个名。在取名前请思考一下如何为你创办的组织取个好名字。

任务完成价值

通过本任务的完成，可以使你深切感受到后续组织创办中将要肩负的使命和担当，因为从取名开始你就已经倾注了心血。

二、完成启动资金的筹集，让你的初始开支有保障

“巧妇难为无米之炊”，在一个项目的运营上，不能缺少资金的支持。没有必要的资金支持会加大创业失败的风险。作为一名大学生，由于没有收入来源，所以资金方面更为紧张。要学会筹资，首先要了解筹资的方式有哪些。一般来讲大学生筹资的方式有以下几种。

1. 寻求亲戚和父母的支持

大学生不同于社会人士，朋友往往都是和自己一个年纪，还在读大学，向朋友借

钱难度较大。所以要学会将你的想法和创业计划书讲给你的亲戚和父母听，以期得到他们的支持。这样做的好处是，筹资速度快、成本低。但是一旦创业失败，可能会影响双方的关系。

2. 申请政府提供的创业基金

政府提供的创业基金一般来讲都是免费的，极大地降低了你的融资成本，但是因为政府每年投入有限，所以你需要和其他融资者竞争，并且要提前熟悉申请创业基金的流程。

3. 申请学校提供的创业基金

很多高校都设立了相关的创业基金或者鼓励学生创业的奖励政策，这对于想创业的同学来说无疑是一个好消息。你可以询问辅导员并且向学校相关部门咨询。

4. 向银行或金融机构贷款

贷款一般分为两类：信用贷款、抵押贷款。如果你有质押品如私人房产、汽车、有价证券等资产，那么贷款就比较方便，但是大学生很少有这样的实力。如采用信用贷款，目前能够为微型企业提供贷款的银行主要是四大国有商业银行。相对于申请政府的创业基金来说，这是最普遍的筹资途径。

5. 寻求风险投资

我国目前专门从事风险投资的金融机构已经近百家，风险投资已经逐渐成为创业者获得资金的一种方法。不过能够拉到风险投资的项目一定是有足够吸引力的。

6. 合伙入股

对于资金力量不够雄厚的创业者来说，合伙经营的方式还可以有效地分解风险。如果创业不成功，由此带来的风险会由几个人共同分担，相对一个人创业来说，个人的损失相对较小。

7. 加入孵化计划赢取创业基金

很多城市的创业园区、政府机构都有为创业者提供创业基金的政策和孵化器，并提供办公场所和初始基金；一些知名创业扶持服务机构、基金也会定期举办创业大赛、新产品新技术演示等活动。用赢取创业基金的方式筹集创业的"第一桶金"不失为一个高效、可行的办法。这要求创业者具备足够的实力，才能从众多申请者中脱颖而出。

8. 众筹募资

创业者可以把自己的产品原型或创意提交到众筹平台，发起募集资金，由感兴趣的人来捐献指定数目的资金（捐助者可以在项目完成后，得到一定的回馈，如这个项目制造出来的产品）。有了这种平台的帮助，任何有想法的人都可以启动一个新产品的设计生产。

互联网金融的兴起让许多人曾经以为不可能的事情成为可能。现在，有越来越多的国外创业者开始在Kickstarter、Indiegogo等众筹网站募集资金，国内也出现了很多出色的众筹平台，如天使汇、大家投、点名时间、追梦网等。一般来说，创业众筹可以分为三种模式，分别是凭证式、会员式和股权式。创业股权式的众筹在中国已经有了不少案例，也获得了社会的极大关注。对于绝大部分创业者来讲，创业股权式众筹的先锋式尝试可以帮助他们有效地找到资金。

行动学习小任务 2

如果你即将开始创业，请思考你可以有哪些方式获得资金上的支持，并按可能性由大到小进行排序。同时评估一下目前自己创业可以获得资金支持的能力，并思考今后如何提高该能力。

目前筹集创业资金的方式：

筹资能力的自我评估：

今后如何提升筹资能力：

任务完成价值

通过本任务的完成，审视和提升自己获取外部创业资金支持的能力。

三、完成初始人员的招募，让你的业务开展有人力保障

创业需要很多技能，每个人的能力都有上限，个体很难解决所有的事情，这个时候需要找合伙人和员工来弥补个人能力的不足和分担工作量。

1. 招募合伙人的建议

（1）合伙人要跟你的价值观保持一致。

（2）合伙人要能给你带来价值，如产品、市场、人脉、资金等。

（3）宁缺毋滥，不合适的合伙人只会带来失败。

（4）要有合伙人的进入机制，也要有退出机制。

（5）做好股权的分配，控制好风险。

2. 招聘员工的建议

（1）不要一下子开通很多渠道。

（2）找熟人推荐是个很好的策略。

（3）要找能人和好人，而不是非得大公司出来的人。

（4）如果他是你心仪的人，一定不要吝啬工资。

（5）对于业务团队的人，一定要在招聘的时候就提出明确的业务目标与要求。

拓展学习 1

高效能创业型员工的七个特征

在麻省理工学院的企业论坛网站上，乔·哈德茨马（Joe Hadzima）和乔治·皮拉（George Pilla）发表了一份清单，其中列出了快速成长的创业企业中员工应具有的特征。当你作为面试官时，请牢记这些特征。

1. 有控制风险的能力

高效能的创业者和他的员工都必须在一个充满风险的环境中有效地开展工作，并在缺乏必要资源和数据时做出决策。

2. 结果导向

高效能创业型员工能够克服和解决令人困惑的问题，且具备工作常识。

3. 有活力

高效能创业型员工能够持续地创造出高于期望值的产出。他属于自我驱动

型，能在最少的指导下确定工作的优先事项。

4. 有成长潜能

高效能创业型员工愿意承担超出自己职位、头衔、经验或薪酬的责任。他能够起到重要的模范作用，指导和培训他人，同时也是晋升到管理层的优秀人选。

5. 有团队精神

一名成功的创业型员工乐于履行自己职责范围内的义务并享有相应的权利，同时期望其他成员也一样。

6. 有多任务处理能力

在当今的经济环境下，一名创业型员工不仅需要接受新的职责、任务和义务，而且必须有能力在继续执行先前任务和工作的情况下完成这些新的任务。

7. 改进导向

一名优秀的员工乐于不断地接受变化并提出改进的意见，同时也鼓励别人这样做。

所以，当你面试每一位新员工或管理人员时，不要只看简历上的内容。更重要的是，你眼前的这个候选人是否有能力对你快速成长的企业做出真正的贡献。

四、熟悉创业涉及的法律法规，让法律意识为创业保驾护航

（1）创业初始阶段关于资金、设备、场地以及办公场所等的相关法律问题，推荐学习《中华人民共和国民法典》中关于融资借贷、房屋租赁的法律知识。

（2）创业拓展阶段关于设立经营实体，进行行政审批的相关法律问题，推荐学习《中华人民共和国个人独资企业法》《中华人民共和国公司法》《中华人民共和国外商投资法》《中华人民共和国合伙企业法》《中华人民共和国企业法人登记管理条例》《中华人民共和国公司名称登记管理条例》等。

（3）创业经营阶段关于市场交易及管理的相关法律问题，推荐学习《中华人民共和国民法典·合同编》《中华人民共和国产品质量法》《中华人民共和国劳动法》《中华人民共和国票据法》《中华人民共和国保险法》《中华人民共和国反不正当竞争法》等。

（4）创业经营阶段关于知识产权的相关法律问题，推荐学习《中华人民共和国商标法》《中华人民共和国著作权法》《中华人民共和国专利法》等。

（5）创业过程中关于纠纷解决的相关法律问题，推荐学习《中华人民共和国民事诉讼法》《中华人民共和国行政诉讼法》《中华人民共和国仲裁法》等。

拓展学习 2

创业相关的主要法律法规简介

（1）《中华人民共和国公司法》：规定了公司的组织、设立、运营、变更、解散、清算等方面的内容，是公司运作的基本法律框架。

（2）《中华人民共和国民法典·合同编》：规定了合同的订立、履行、变更、终止以及违约责任等方面的内容。对于创业者来说，这是一本必不可少的法律手册。

（3）《中华人民共和国知识产权法》：规定了发明、实用新型、外观设计、商标、著作权等知识产权的取得、保护、使用和转让等方面的内容，对于创新型企业来说尤为重要。

（4）《中华人民共和国劳动法》：规定了劳动者的权益保护，劳动合同的签订、履行、变更、终止、解除等方面的内容。创业者需要了解相关规定，以避免劳动纠纷。

（5）《中华人民共和国企业所得税法》：规定了企业的税收政策、纳税义务、税收优惠等方面的内容。创业者需要遵守相关规定，以避免因税收问题而影响企业发展。

（6）《中华人民共和国反不正当竞争法》：规定了禁止不正当竞争行为，保护企业的合法权益，促进公平竞争等方面的内容。对于创业者来说，这是一本非常重要的法律手册。

需要注意的是，以上法律法规只是其中的一部分，创业者需要全面了解相关法律法规，以便更好地规避风险，促进企业的发展。

行动学习小任务 3

针对你意向的创业项目，列出需要学习和了解的相关法律法规的名称和关键条目内容。

法律法规名称	关键条目内容

任务完成价值

通过本任务的完成，可以引导自己发现创业过程中会面临或遇到的法律法规问题，提前做好规避法律风险的准备。

第二节　创业精益启动

创业成功绝不是简单地模仿就可以达成的，每个人面临着不同的时机、不同的环境、不同的资源，靠简单地模仿他人而成功那是不可能的，必须抓住最本质的东西，才能不被千变万化的创业成功的现象所迷惑！

——一位创业者

一、尽量做到轻资产，提高流动性投资的比重

在知名管理咨询公司麦肯锡看来，企业的品牌、智力资本、经验、客户资源、价值观、治理制度和管理流程等都属于“轻资产”的范畴，而员工、厂房、设备、生产线、运输工具等则属于“重资产”。

以轻资产的方法进行创业（见表 9-1），能更好地利用杠杆效应，以较小的投入获取较大的回报。

表 9-1　轻资产方法的运作特点

项目	倾向
资产规模	倾向于小
资产质量	倾向于精
资产重量	倾向于轻
资产投入	倾向于少
资产形态	倾向于软（无形）
资产价值	静态或分散分布时，较小；动态或整合时，较大

行动学习小任务 4

针对你意向的创业项目，请例出项目启动阶段所需的投资清单，并思考如何提高轻资产的比重。

投资项目	预算投入金额	是否可以转为轻资产	如何转换

任务完成价值

通过本任务的完成，初步估算项目的启动需要在哪些方面进行投资，大概投资金额是多少，怎样尽可能提高轻资产的比重。

二、聚焦核心业务，做“小而美”的初创公司

“小而美”的公司指的是相比“大而全”的公司，能在很小的细分市场内将业务做到极致，规模暂时不大却有着独特价值的企业。“小而美”的标准如下。

第一，“小”的标准。“小”并非指商品的大小和价格的高低，而是指商品或服务只针对特定的消费群体，而不必面向大众市场做全面推广，因此付出的营销和销售费用相对较少。

第二，“美”的标准。相对于“小”而言，“美”讲的是一种深度，即对顾客及其需求理解得越深入，你的商品和服务也就越“美”。

选择“小而美”的初始发展风格，有利于创业者集中自己的创业精力和资源，减轻项目启动的“包袱”。举个最简单的例子，你可能只有一家占地 10 平方米的蛋糕店，你的服务半径也许只有 3 千米，但是你的蛋糕味道异常鲜美，顾客对之念念不忘，每天的产品都供不应求。那么你的生意也属于“小而美”的生意，积累到的做出美味蛋糕的经验和技术能为后续的规模化连锁发展打下坚实的基础。

行动学习小任务 5

针对你意向的创业项目，请列出你所有想开展的业务，最后只选择一个针对特定人群的最具有可行性的业务作为初始的核心业务。

可以开展的业务	业务描述	开展理由
最终选择的一个业务：		

任务完成价值

把想开展的业务罗列出来，然后做出聚焦的选择，这样做的好处有两方面：一方面使你的选择更加坚定，另一方面能够集中创业初期的资源、时间和精力，提高生存能力。

三、找准切入点，先在局部范围的竞争中取胜

创始团队需要先探索几个细分市场，然后再进行验证，并最终决定期望占领的第一个细分市场。通过了解以下内容，您将可以有目的地进行迭代，并用更少的时间和资源来找到最佳的市场切入点。一个好的市场切入点一般具有以下特点。

（1）你可以使用自己最厉害的技能。为了占领细分市场，你必须能够熟练运用自己最厉害的技能。这不仅可以助力你为客户创造更好的产品，而且还可以让你保留精力做创始人需要完成的其他事情。另外，当看到你在运用自己最厉害的技能，你的团队信心也将大增，促使他们的效率更上一层楼。

（2）你觉得自己在做有意义的事情。占领细分市场需要做很多工作，如果你认为自己在做对客户和社会有意义的事情，那么，你将有更多的精力去创造更好的产品。吸引合适的人才来帮助你进行有意义的工作也将变得更容易。

（3）你很愿意长期为客户提供服务。问问自己，你能否在为客户提供服务的同时做自己喜欢做的事情，坚持自己的原则和诚信。如果你的回答是肯定的，那么你将比竞争对手拥有更多的优势。

（4）你的客户具有相同的购买习惯。如果你的客户具有相同的购买习惯，他们很可能也需要相同的价值。这意味着你只需要构建并优化产品的一个功能即可满足你的客户。这样，你只需要构建一种产品，你将最大限度地减少产品开发的时间和成本，同时为目标客户创建更好的产品。

（5）你和你的团队可以创建相较于现有最佳解决方案/竞争者而言具有更高价值的解决方案/产品。扪心自问，你正在创建的解决方案/产品比客户已经在使用的解决方案/产品更好吗？

（6）你可以使用相同的营销计划来创收。根据多个细分市场创建多个营销计划，会浪费大量的时间和资源。专注于一个细分市场要有效得多，为此你只需要设计一个营销方案即可。这样，你可以节省制订营销计划的时间，从而可以将更多的时间放在销售、

创收和设计客户喜欢的产品上。

（7）你的客户是关系紧密的，这样他们会自动进行口碑宣传。找到客户互相认识的细分市场，以便他们在使用你的产品后能够更快地传播信息。千万记住不要向无法互相交流的客户销售！

（8）这一细分市场足够小，因此能快速占领主导地位。当你找到一个足够小的细分市场，你可以在其中产生相当可观的影响并快速占领它。不要试图在最大的市场中找商机。务实一点，成功征服一个小市场要比在占领大市场的过程中栽跟头好得多。

（9）这一细分市场足够大，大到足以使你获利。盈利是从创业之初就应该形成的重要习惯。你赚到的钱将有助于公司扩张，而且从一开始就有现金流的话能够很好地吸引投资者。因此，要在学会占领一个足够小的市场和在一个足够大的市场赚取利润之间找到平衡。

比如，以来本国旅行的外国旅客市场为例，创业者不应该从一开始就把“打造大型旅行社”当作创业口号，以成为综合旅行社或旅行服务平台为目标，而应该先试着开展某些面向外国旅客的服务，如提供私人旅行向导、短期金融消费、行李寄送等专业服务。当在某个领域的市场占有率很低时，不应急于扩张到其他潜在的可能市场。

行动学习小任务 6

针对选择的初始核心业务，制订市场切入策略。

市场切入的具体主打产品 / 服务	目标客户	切入手段 / 方式

任务完成价值

通过本任务的完成，可以在选择核心业务的基础上进一步去思考和分析如何有效地进入市场，尤其是在初始目标客户群体的选择和产品服务的设计上。

四、获取种子用户，实现精益化开发客户

《创新的扩散》一书的作者埃弗雷特·罗杰斯在对“消费者是如何接纳创新产品”的研究中发现，可以根据调查对象接纳产品的速度，把消费者分为创新者、尝鲜者、早期消费大众、后期消费大众和跟随者五类。

罗杰斯发现创新者和尝鲜者在还没有证据表明创新产品有效的情况下就已经开始使用了。而早期消费大众和后期消费大众则要看到其他人的使用情况后再做决定。早期消费大众和后期消费大众不愿意冒险，他们只会购买公认成熟的产品。杰弗里·摩尔在《跨越鸿沟》一书中把罗杰斯的研究挪用到了科技行业，认为罗杰斯的结论也适用于科技行业，但是相邻的群体之间存在鸿沟，特别是尝鲜者和早期消费大众之间存在着巨大的鸿沟（见图 9–1）。

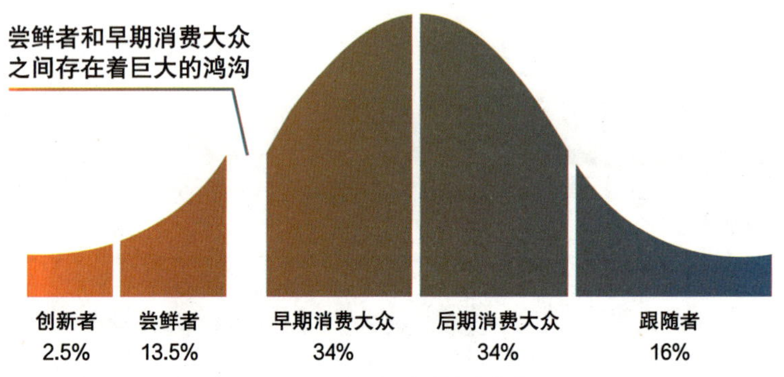

图 9-1 摩尔的技术接纳曲线

种子用户，正如它的名字，是一颗用户中的种子，可以成长，生命力旺盛，充满挑战精神（见图 9–2）。种子用户首先要有一定的经济基础或一些产品/行业的经验基础，因为在我们推动创新事物时，需要种子用户的这些基础能力来支撑对创新的“冒险”接受。在创新者和尝鲜者群体中找到并培育种子用户，对提升创新者和尝鲜者的影响力以及鸿沟的跨越起着至关重要的作用。创业初期应聚焦于拿下种子用户，通过种子用户的反馈来迭代创新产品/服务，再加上种子用户的口碑、示范作用，最终完成创新产品/服务在目标群体中扩散的过程（见图 9–3）。

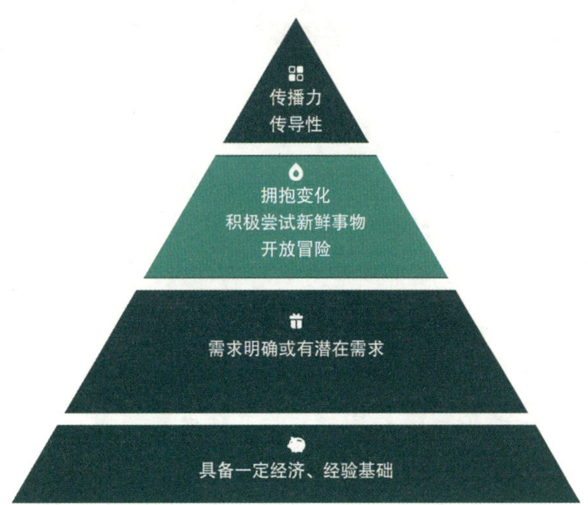

图 9-2 种子用户模型图

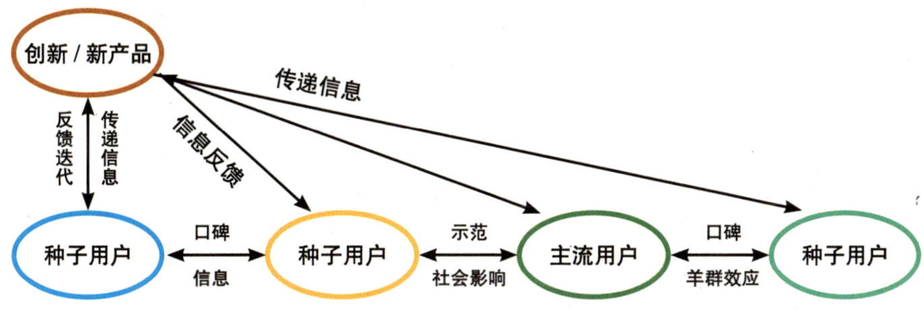

图 9-3 种子用户的扩散效应

拓展学习 5

谷歌的用户参与新产品开发法

2011 年 8 月 23 日，Gmail 工程经理马克·斯奇贝克（Mark Striebeck）在其博客中发布了代号为“麒麟”的集成功能的截图。“麒麟”计划是谷歌应广大用户要求将 Google+ 整合至 Gmail 中的新举措，即尝试让 Google+ 与公司现有网络服务无缝衔接。借助于此，谷歌进军社交网络迈出了又一实质性步伐。

值得一提的是，在这一次 Google+ 与 Gmail 的联姻中，谷歌最死忠的最初一批用户——我们姑且称之为“种子用户”——起到了关键性的作用。在着手进行整合之前，斯奇贝克团队在 Google+ 用户中做了一轮问卷调查，并收到了来自产品最早期的“种子用户”提供的可靠建议。比如，允许用户通过 Gmail 向

Google+ 发布内容并阅读其他用户对内容的评论的意见，就被纳入产品的整合计划中。

谷歌的做法其实已经渐成业界潮流，事实上，如今的产品开发早已不再是企业闭门造车之后再提供给用户的传统模式，“种子用户”这一群体正越来越多地参与到产品从开发到推广的整个生命周期中。在互联网深刻改变许多产业的今天，“种子用户”的价值正在得到前所未有的释放。

谷歌的许多产品创新都会尊重“种子用户”的意见，无独有偶，苹果近年来风靡世界的秘诀同样离不开对“种子用户”的重视。乔布斯曾说过：“我们决不进行市场调查。”这一看似傲慢的言辞背后其实是苹果对于其坚持多年的“种子用户”战略的自信。在诺基亚、摩托罗拉等手机巨头还在挖空心思去满足大众市场的那些年里，苹果率先将目光瞄准了对于技术革新的接受最敏感的技术发烧友人群，围绕这部分“种子用户”的需求做文章，最终让品牌像时尚潮流一样水银泻地般占领主流市场。

行动学习小任务 7

针对选择的初始业务，请找到你的种子用户或培养你的种子用户。

种子用户的特征	种子用户的数量情况	种子用户的需求	如何开发利用种子用户

任务完成价值

通过本任务的完成，可以让你清晰地找到谁才是你一开始的亲密客户。

五、抓住评价关键维度，尽快摸索出初始可行的商业模式

在创业的初始阶段，针对意向切入的市场，创业者会意向性地设计好商业模式，然后通过测试学习来验证和调整商业模式，以消除与现实之间的认知鸿沟。既高效又经济地探索出早期的可行之道，对增强创业的信心非常重要。所以创业者一开始就要秉承精益的思想，尽快找到早期可行的商业模式，帮助自己安全度过初创的学习期。创业初期商业模式主要从以下五个方面进行验证。

1. 法律政策

一个好的商业模式首先应该是合理合法的，它应该是符合目前国家的法律法规和政策规定的。不符合法律法规和相关政策规定的产品/服务注定是无法发展壮大的，即使在前期通过各种手段获取了直接的现金收入。要知道非法收入越高，罪责就越重，终究免不了倒闭的命运。创业初期，创始团队应当与懂得国家法律法规和相关政策的朋友多多沟通，保证在这方面没有问题，同时也可以免去在公司壮大之后的各种后顾之忧。

2. 现金流

多久之后可以实现盈利，在没有盈利的条件下可以活多久是一个非常现实的问题。不论前期有没有融资，有没有足够的自有资金去研发产品、拓展市场，公司的产品在推向市场得到一部分用户使用并有了营收之后，就说明还是有用户愿意为这一商业模式买单的。

尽快实现营收，尽快实现正常运转，可以带给创业者更多的信心。而有了正常的现金流，尽管营收可能抵不上支出，商业模式的合理性也不会轻易受到怀疑，大家会更多地去想如何利用更好的销售运营技巧去推广产品/服务。

3. 产品

在正式推出一项产品/服务之前，必须对市场上与之直接竞争的竞品和相类似的替代品进行有针对性的详细研究。

基于产品/服务制作完整的SWOT[strengths（优势）、weaknesses（劣势）、opportunities（机会）、threats（威胁）]分析报告，对比技术、运营、研发等方面的实力，评估我们是否可以做得更好。这也相当于是对一个准备推出的产品/服务进行可行性分析。

明确产品/服务的优劣势后，聚焦我们的优势之处，使之成为核心卖点，向用户广而告之。

4.转化

产品推出、运营维护等一系列活动，可能会带来很多潜在客户，但是我们要区分什么样的用户才是有效用户，因为归根结底我们是需要靠有效用户带来实际营收的。

假如我们推广一个可以特价购买产品/服务的App，那么我们关注的重点就不是有多少人知道了、了解了我们的App，有多少人在讨论我们的App，有多少媒体对我们的App进行了宣传和报道，这些都是表象。实际上我们应该关注的是对于我们的App，有多少人实际进行了注册登录，他们主要浏览了哪些页面，在哪些页面停留并停留了多少分钟，最后跳出的页面是哪些，有哪些用户实际上开始付费购买使用了我们的产品/服务，等等。这些都是衡量转化的一系列实际指标，需要我们特别重视。

5.资金控制

在前期投入之时，提前设定好我们要使用多少资金来完成这一次的快速验证，如果钱花完了仍然行不通就应该早点撤，避免损失更多。研发、人力、时间、推广、运营等都需要资金，及时设定好预算资金，可以在钱快用完了的时候，检测对应的目标有没有达成，并以此作为是否追加投资的依据。

行动学习小任务 8

从以下五个需要验证的维度，制订项目初始商业模式的精益验证计划。

验证内容	精益验证计划
法律政策方面	
现金流的可靠性方面	
产品的受欢迎度方面	
实际购买客户的转化方面	
资金使用的控制方面	

任务完成价值

通过本任务的完成，可使自己明确项目启动初期需要去验证的关键点和发力的工作任务，把提高五个维度的验证认可度作为实现总体意图的子目标。

六、借势借力，精准发力，采用杠杆式的营销策略

营销，本质上就是通过一系列的活动实现销售转化。初创企业的营销策略与大公司的营销策略完全不同。在缺少资源保障的情况下，如何抓住营销传播的借力点，实现传播效应的放大，就显得尤为重要。初创企业启动精益营销要做好以下四件事情。

1. 清晰客户的画像和定位，这是精益营销的基础

在开始考虑营销策略之前，需要搞清楚公司产品品牌的基础信息，为后续的品牌传播打下坚实的基础。这是许多初创公司可能会忽视的一步。而缺乏对用户的研究和对市场需求的调研，这可能是 90% 的初创公司失败的原因。

2. 有所选择地挑选客户

创业初期客户资源极为稀缺，但更要挑选客户。因为你的资源是极其宝贵的，服务能力也是有限的。初创企业选择客户需遵循以下三个原则。

（1）挑决策效率较高的客户。如果说客户是秒针，我们就是分针，秒针快分针才能快。不要因为客户糟糕的节奏打乱甚至拖累了公司的正常运营。比如决策流程相对缓慢的国企、特别注重风控的金融客户等，要慎重或有策略性地跟进。

（2）挑积极拥抱创新的客户。永远不要试图叫醒一个装睡的人。比如你的客户关键决策人明年就要退休了，你非得给他推荐一个创新的方案，这样恐怕不会有太好的效果。

（3）挑愿意一同陪伴成长的客户。创业初期，用户对产品的使用反馈比金钱更重要。

3. 创始人要亲自做销售

一方面，创始人有更好的内、外部资源整合、调动能力，能够使销售策略快速见效，鼓舞军心；另一方面，创始人零距离接近客户，洞察客户需求，获得客户反馈，能够推动研发团队迭代打磨产品。

4. 通过销售最小可行性产品快速验证有效的销售模式

任何公司在业务上都有从 0 到 1 的过程。一般初创企业在销售团队的构建上也应

有最小可行性产品的验证过程，不宜一上来就大举扩建。建议初创企业最小的销售团队验证单元为 6 个人，分成 1+2 和 1+2 两组，1 人为组长，2 人为组员。为什么分两组？因为销售团队需要横向的竞比，避免样本单一化。随着方法的摸索验证，各组再陆续补充新人。同时抽调个别较成熟的组员并入新团队，这样就可以新老互补，避免一支全是新人的团队起步时夭折。

拓展学习 6

适合初创品牌的五种营销方式

1. 自媒体内容营销

说到好用又免费的营销渠道，就不得不提及自媒体内容营销。创建属于自己品牌的自媒体账号，通过自媒体账号发声，简单又高效。

创造优质且具有可读性的内容，发布在品牌的自媒体账号上，可以实现快速增粉及信息传播，是初创品牌不可或缺的营销方式。

2. 社交媒体营销

通过微信小程序、公众号、朋友圈、社群等帮助企业快速打造属于自己的客户圈子，并通过不断传播实现客户群的扩充发展。社交媒体的营销同自媒体营销类似，只需要付出人工运营方面的成本，是大多数品牌营销时会选择的方式之一。

3. 媒体软文营销

发布与品牌有关的营销文章到各个媒体网站上，帮助品牌占据搜索引擎某些关键词的排名是媒体软文营销的主要目标。直到今日，媒体软文营销仍然是品牌宣传的一种重要手段。

之所以把这种方式推荐给初创品牌，是因为媒体软文营销在价格成本上相对较低，且留存上会更持久，只要运用得当，也是初创品牌快速实现曝光的一种方式。此外，部分权威媒体对于品牌的可信度、权威度的提升也有显著帮助。

4. 短视频内容营销

其实，短视频内容营销广义上也可以归为第一种。因为不管是文章类型的内容营销，还是视频类型的内容营销，都是内容营销。把它单独列出来的意义在于，视频直播这几年已经逐渐成为快速走红的主流方式。如果品牌想要快速走红，抓住短视频这股东风，可以快速地帮助品牌当上“网红”。

5.信息流广告营销

信息流广告营销相对于前面讲的四种，价格普遍偏高。把它放到五种方式中是因为从引流上来讲，这种营销方式更加高效，能带来更加直观的效果。信息流广告营销的营销渠道有很多，如何筛选合适的渠道是初创公司要思考的问题。

行动学习小任务 9

请针对选择的初始业务，制订有效的营销策略。

具体营销策略	选择理由	营销效果检视

任务完成价值

通过本任务的完成，可以帮助自己完成创业初始项目业务推广和营销策略的具体设计。

一旦验证并确定了可重复的商业模式，就可以开始扩大规模了。但要扩大公司的业务规模，我们需要采用与精益启动阶段不同的工作方式。现实中没有多少事是直线发展的，每一个阶段都要重复调整多次，不能一蹴而就。业务规模的扩张也不是投入足够的资金就能实现线性增长的。尽管我们已经用许多实践验证解决方案和商业模式，但要扩大公司的业务规模，还有许多新的东西等着你学习。希望通过本教材和配套课程的学习，可以帮助你高质量完成创业学习的从 0 到 1，并成功启动创业，实现生存验证的从 0 到 1。

本章知识图谱

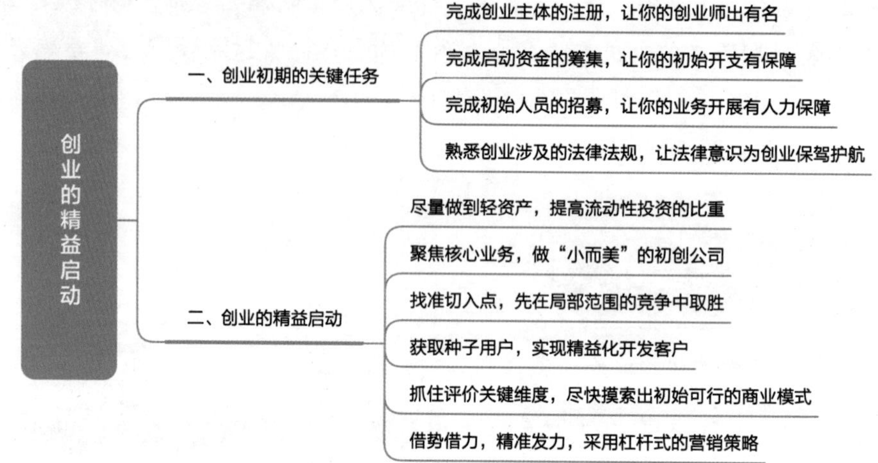

本章综合行动学习练习

请系统认真地完成本章的九个行动学习小任务，它们将帮助你精益有效地启动一个创业项目，尽量避免创业初始阶段的盲目。虽然它们不一定能使你成功，但至少能提高你的调整能力，尽可能避免孤注一掷的现象发生。最可贵的是，你获得了离成功越来越近的信心。

参考文献

[1] 比尔·博内特，戴夫·伊万斯.斯坦福大学人生设计课[M].北京：中信出版社，2017.

[2] 刘道玉.创业与人生设计[M].武汉：湖北教育出版社，2001.

[3] 史蒂夫·布兰克，鲍勃·多夫.创业者手册：教你如何构建伟大的企业[M].北京：机械工业出版社，2013.

[4] 小斯蒂芬·斯皮内利，小罗伯特·亚当斯.创业第一课[M].北京：中国人民大学出版社，2017.

[5] 彭学兵，刘玥伶.效果/因果两种推理逻辑下的新企业创业资源整合研究[M].北京：经济科学出版社，2016.

[6] 伦纳德·A.施莱辛格，查尔斯·F.基弗，保罗·B.布朗.创业：行动胜于一切[M].北京：北京大学出版社，2017.

[7] 田所雅之.创业学[M].上海：东方出版中心，2019.

[8] 埃里克·莱斯.精益创业[M].北京：中信出版社，2012.

[9] 阿尔瓦雷斯.精益客户开发[M].北京：人民邮电出版社，2015.

[10] 杰夫·戈塞尔夫，乔什·赛登.精益设计:设计团队如何改善用户体验[M].北京：人民邮电出版社，2013.

[11] 凯瑟琳·麦克尔罗伊.原型设计：打造成功产品的使用方法及实践[M].北京：机械工业出版社，2019.

[12] 马克·格鲁伯，莎朗·塔尔.正向创业[M].北京：电子工业出版社，2019.

[13] 帕特里克·范德皮尔，贾斯汀·洛凯茨，丽莎·凯·所罗门.商业模式设计新生代：如何设计一门好生意[M].北京：中国人民大学出版社，2018.

[14] 哈索·普拉特纳，克里斯托夫·迈内尔，拉里·莱费尔.斯坦福设计思维课：方法与实践[M].北京：人民邮电出版社，2020.

[15] 维克多·J.帕帕奈克.为真实的世界设计[M].北京：北京日报出版社，2020.

[16] 罗浩.感性商业：用户体验驱动业务增长的方法论[M].北京：机械工业出版社，2019.

[17] 吉姆·西诺雷利.认同感：用故事包装事实的艺术[M].北京：九州出版社，2016.

[18] 汤姆·凯利，乔纳森·利特曼.创新的艺术：世界顶级设计公司IDEO如何创新[M].北京：中信出版社，2013.

[19] 奇普・希思，丹・希思.行为设计学：让创意更有黏性 [M].北京：中信出版社，2018.

[20] 弗，阿尔斯特伦. 有的放矢：NISI创业指南 [M]. 武汉：华中科技大学出版社，2014.

[21] 唐纳德・米勒.你的顾客需要一个好故事 [M].北京：中国人民大学出版社，2018.

[22] 刘翀，邱吉青.小而美：微创业的生存法则 [M].北京：电子工业出版社，2015.

[23] 张玉利，杨俊.创业管理：行动版 [M].北京：机械工业出版社，2017.

[24] 戴维・伯恩斯坦. 如何改变世界：社会企业家与新思想的威力 [M].北京：新星出版社，2006.

[25] 亚历山大・奥斯特瓦德，伊夫・皮尼厄.商业模式新生代 [M].北京：机械工业出版社，2011.

[26] 亚历山大・奥斯特瓦德，伊夫・皮尼厄，格雷格・贝尔纳达，等.价值主张设计：如何构建商业模式最重要的环节 [M].北京：机械工业出版社，2015.

[27] 唐兴通.种子用户方法论 [M].北京：机械工业出版社，2019.

[28] 谌飞龙.创业营销：创业项目包装与推介 [M].北京：机械工业出版社，2017.

[29] 埃里克・A.莫尔斯，罗纳德・K.米切尔.创业学案例 [M].上海：上海人民出版社，2012.

[30] 张玉利，薛红志，陈寒松，等.创业管理 [M].2 版.北京：机械工业出版社，2017.

[31] 杰弗里・蒂蒙斯，小斯蒂芬・斯皮内利.创业学：21 世纪的创业精神 [M].8 版.北京：人民邮电出版社，2014.

[32] 兰迪・科米萨，詹通・赖格尔斯曼.直面创业问题：创业者快速学习的行动指南 [M].周昕，王莉译.杭州：浙江大学出版社，2019.